Archäologisches
Nationalmuseum **30**

Koloáki und
Lykabettós
40

**Altstadt
S. 39**

**Neustadt
S. 47**

Monastiráki
19

18
Agorá

Pláka
20

Akropolis **1**

Akropolis-
Museum **10**

**Das antike Athen
S. 14**

7   Athen entdecken

◁ *Sonnenuntergang hinter dem Turm der Winde (s. S. 42, 068at-mb)*

4 Inhalt

107 Praktische Reisetipps

131 Anhang

Zeichenerklärung

★★★ nicht verpassen
★★ besonders sehenswert
★ wichtig für speziell interessierte Besucher

[A1] Planquadrat im Kartenmaterial. Orte ohne diese Angabe liegen außerhalb unserer Karten. Ihre Lage kann aber wie die von allen Ortsmarken mithilfe der begleitenden Web-App angezeigt werden (s. S. 144).

Updates zum Buch

www.reise-know-how.de/citytrip/athen18

Vorwahlen

> für Griechenland: +30
> Athen: **210. Diese muss immer mitgewählt werden!**

Benutzungshinweise

> Rein griechischsprachige **Websites** wurden meist nicht erwähnt.
> Griechische bzw. (kunst-)historische **Fachbegriffe** befinden sich im **Glossar** (Anhang).
> **Schreibweisen:** Umschriften griechischer Namen können stark variieren, es gibt keine verbindlichen Regeln und auch offiziell kursieren oft verschiedene Schreibweisen. Es wurden die gebräuchlichsten Formen verwendet und Akzente angegeben.

Abkürzungen

Außer den üblichen deutschen Abkürzungen z. B. für Tage oder Monate wurden die folgenden griechischen verwendet:

> O. – Odós (Straße)
> Pl. – Platía (Platz)
> Leof. – Leofóros (Boulevard/Allee)

Athen ist bunt, chaotisch und laut. Während die Pláka und Monastiráki schon immer Touristenmagneten waren, sind Viertel wie Metaxourgío, Geráni oder Gázi „up & coming" und beherbergen eine kreative junge Szene. Sehenswerte Graffiti, ein Ausdrucksmittel der Kreativen, sind überall zu entdecken. Neu ist auch die wachsende Zahl an schicken Boutiquehotels (s. S. 125) und Rooftop-Bars (s. S. 82).

Neue Architektur
Das SNFCC (s. S. 62) von Renzo Piano, umgeben von einem riesigen Park, bietet einen Top-Ausblick auf das Meer und die Stadt und ist wie das neue Akropolis-Museum ein architektonisches Highlight (s. S. 27).

Pause im Museum
Die Museen werden mit interessanten Shops und einladenden Cafés immer attraktiver. Neben dem Akropolis-Museum lohnen das neu gestaltete Cycladic Museum (s. S. 55), das mit einem neuen Garten versehene Byzantinische Museum (s. S. 56), der Innenhof im Nationalmuseum s. S. 47) oder das Café im Numismatischen Museum (s. S. 50) einen Besuch. Ungewöhnlich ist das Industrial Gas Museum in Gázi (s. S. 34).

„Made in Greece"
Eine neue „Bewegung" widmet sich einerseits griechischen Delikatessen, andererseits erleben das Kunsthandwerk und die Mode kreative Höhenflüge, was Läden wie Forget me Not oder Anamnesia (s. S. 88), aber auch die Spezialitätenläden in der Pláka (s. S. 88) verdeutlichen.

001at-mb

ATHEN ENTDECKEN

Athen, Angelpunkt zwischen Okzident und Orient, ist eine Stadt der Gegensätze: Chaos und Idyll, Grün und Beton, Smog und Sonne, Lärm und Beschaulichkeit, Antike und Moderne stoßen hier aufeinander. Athen biedert sich nicht an, sondern will erobert werden. Die Stadt befindet sich seit den Olympischen Spielen 2004 konstant im Auf- und Umbruch. Das damalige Facelifting hat der Stadt moderne Nahverkehrsmittel, einen neuen Flughafen, Fußgängerzonen und neu gestaltete Plätze eingebracht.

Athen für Citybummler

Griechenland und ganz besonders Athen erfordern von Besuchern Geduld. Von oben – am besten von der Akropolis ❶ oder dem Lykabettós ❹⓿ – präsentiert sich die Stadt als Moloch, als unüberschaubares, kaum gegliedertes weißes Häusermeer zwischen Bergen und Meer. Nur wer mit allen Sinnen eintaucht und auf Erkundungstour geht, wird die vielen Gesichter der Metropole kennenlernen.

Schon der erste griechische König, der Bayer Otto I., träumte von einer archäologischen Zone um den Akropolis-Hügel. Diese wurde 2004 realisiert: Eine breite Fußgängerzone umfasst nun **Akropolis** ❶, **Olympieion** ❶❷, **Kerameikós** ❶❺ und **Agorá** ❶❽ und grenzt auf diese Weise das antike Athen von der modernen Stadt ab. Zwei Viertel schließen sich direkt an: **Thissío** – wegen der zahlreichen Cafés und Bars ein beliebter Treff (s. S. 96) – und das ehemalige Industriegebiet **Gázi** ❶❼, heute als „Technópolis" Zentrum des Kultur- und Nachtlebens.

Die **historische Altstadt** hat unterschiedliche Facetten: das geschäftige **Monastiráki** ❶❾, Überbleibsel des türkischen Athen mit Basarcharakter, das beinahe nahtlos in die **Pláka** ❷⓿, das berühmte „Dorf" am Fuße der Akropolis, übergeht, **Psirrí** ❷❻ hingegen, das alte Handwerkerviertel, hat einen eigenen geschäftigen, nicht-touristischen Charme, während die nördlich anschließenden Viertel **Metaxourgío** ❷❽ und **Geráni** ❷❼, bekannt als Zufluchtsort vieler Flüchtlinge, gegenwärtig im Begriff sind, touristisch interessanter zu werden.

Das Dreieck zwischen den Plätzen **Omónia** ❷❾ im Norden, **Sýntagma** ❸❸ im Osten und **Monastiráki** [G7] im Süden – das **Emborikó Trígono** („Handelsdreieck") – ist großteils als Fußgängerzone ausgewiesen. Als Haupteinkaufsstraße gilt die **Odós Ermoú** [F6–I7], die die Altstadt mit dem Sýntagma verbindet.

Der Begriff **Neustadt** bezeichnet das Athen, das nach der Ernennung zur neuen griechischen Hauptstadt im Jahr 1834 entstanden ist. In seinem Zentrum liegen die beiden Hauptplätze Omónia ❷❾ und Sýntagma ❸❸, verbunden durch die Odós Stadíou und parallel die Leof. El. Venizélou (kurz „Panepistimíou") sowie die Akadimías. Vom Omónia nordwärts führt die 28 Octovríou zum Archäologischen Nationalmuseum ❸⓿, hinter dem sich im Südosten das Studentenviertel Exárchia (s. S. 49) erstreckt.

◁ *Vorseite: Eingangstor zur Athener Akropolis – die Propyläen* ❷

▷ *Blick von der griechischen Agorá auf die Akropolis* ❶

Der Name „**Sýntagma**" steht synonym für das Athener **Regierungsviertel** mit Parlament **34**, Präsidentensitz und Nationalgarten **35**. Südwärts schließen sich das **alte Olympiastadion 36** und das **Olympieion 12** an. Nördlich des Platzes bildet die Leof. Vas. Sofías die Grenze zu **Kolonáki 40**, in dessen Cafés man sich trifft, um zu sehen oder gesehen zu werden. Das Viertel liegt zu Füßen des **Lykabettós 40**, der die Stadt überragt und großartige Ausblicke bietet.

Das gibt es nur in Athen

› *Perípteros:* Die allgegenwärtigen Kioske („*Períptera*") helfen in jeder Lebenslage weiter und dabei verfügt jeder über sein ganz spezielles Angebot (s. S. 87).

› *Athens Stadtmarkt:* Der riesige Markt mitten im Zentrum bietet Lebensmittel in Hülle und Fülle, von Kräutern über Obst und Gemüse, Fleisch und Fisch bis hin zu vielen Olivensorten (s. S. 85).

› *Antike auf Schritt und Tritt:* Die Spuren der antiken Vergangenheit sind omnipräsent und Akropolis **1**, Agorá **18** und Kerameikós **15** stellen nur die Topsights dar.

› *Weiß-Blau:* Dank König Otto I. finden sich überall in Athen bayerische Spuren, von klassizistischen Bauten („Klein-München") über die Nationalflagge bis hin zum Wachwechsel vor dem Parlament (s. S. 101). Sogar die beiden dominanten Farben der Stadt sind bayerisch: weiße Stadt und blaues Meer.

› *Nahverkehr:* Zu den angenehmen Errungenschaften der Stadt gehören eine moderne und blitzsaubere Metro mit Stationen, die Ausstellungen bzw. Kunstsammlungen aufweisen, und eine Straßenbahn, „*Tram*" genannt, die vom Chefdesigner von Ferrari entworfen wurde.

› *Ein Dorf mitten in der Stadt:* Anafiótika **23** gleicht einem Kykladen-Dorf mitten im Viertel Pláka **20** und entführt Besucher in eine andere Welt.

002at-mb

Kurztrip nach Athen

Um alle antiken Stätten, Athener Museen und Attraktionen intensiv zu besichtigen, würde eine Woche kaum ausreichen. Wer einen Überblick erhalten möchte, ist aber mit drei Tagen gut bedient. Selbst Durchreisende sollten ein paar Tage in Athen einplanen – sie werden es nicht bereuen!

Es gilt auszuwählen, sich von der Atmosphäre und vom Lebensrhythmus mitreißen zu lassen und immer wieder innezuhalten, denn sonst droht das hektische Athen einen zu überrollen. Die Devise lautet: „Geschäftig am Morgen, geruhsam am Mittag und Nachmittag und lebendig am Abend".

1. Tag: Ankommen in Athen

Der **Spaziergang** auf Seite 12 folgt den ruhmreichen Spuren der Vergangenheit, doch gleichzeitig schlendert man auch durch zwei der bekanntesten Viertel der Stadt.

Idealer Ausgangspunkt sind die **Akropolis ❶** und das neue **Akropolis-Museum ❿**. Am besten beginnt man morgens, denn dann hat man Museum und Burgberg noch fast für sich. Man lernt hier nicht nur die Wurzeln des Abendlands kennen, sondern kann zudem die Aussicht genießen.

Bevor man beim Spaziergang entlang der **Archäologischen Zone** mit **Kerameikós ❻** und griechischer **Agorá ❽** weitere wichtige Teile des antiken Zentrums erkundet, könnte man am Fuß der Akropolis eine Pause einlegen, z.B. in einem der Cafés an der Archäologischen Promenade ⓫ (O. Areopagítou/Ap. Pávlou) oder aber auf dem sogenannten **Musenhügel** (s. S. 31) oder der **Pnyx ⓮** rasten. Den ersten Tag beschließt man in der Altstadt: In der **Pláka ⓴** oder im Viertel **Monastiráki ⓳** locken nicht nur Shops, sondern auch Tavernen.

2. Tag: Eintauchen ins Athener Stadtleben

Der zweite Besuchstag steht im Zeichen des modernen Stadtlebens, wobei der **Spaziergang** auf Seite 13 als Leitfaden dienen kann. Nach einem Bummel über den Athener **Zentralmarkt** (s. S. 85) und einer Mittagspause in seinem Umfeld lässt es sich anschließend im modernen Athen zwischen den Plätzen **Omó-**

004at-mb

nia **29** und **Sýntagma 33** sowie um die Fußgängerzonen Odós Ermoú [F6–I7] und Aiólu [H5–7] vorzüglich shoppen – die Region wird nicht ohne Grund „Emborikó Trígono" („Handelsdreieck") genannt.

Nach dem **Wachwechsel vor dem Parlament 34** und einer Pause im Schatten des **Nationalgartens 35** lohnt am späteren Nachmittag ein Bummel durch das Nobelviertel **Kolonáki 40** mit Aufstieg zum **Lykabettós 40**. Die Sicht ist atemberaubend und es gibt zudem das Restaurant Orízontes (s. S. 76). Ausklingen lassen könnte man den zweiten Abend auch in **Psirrí 26**, wo Cafés, Restaurants und Musikkneipen auf Besucher warten.

⬒ *Die Gassen der Pláka (s. S. 40) sind ideal für einen Einkaufsbummel*

◁ *Immer ein Besuchermagnet – die Akropolis* ❶

3. Tag: Unterwegs in Athen

Zeit für ein Highlight: Im **Archäologischen Nationalmuseum 30** kann man je nach Interessenlage und Begeisterungsfähigkeit Stunden verbringen. Nach dem Museumsbesuch und einem Blick in den Shop erholt man sich entweder im **Museumscafé** mit hübschem Innenhof oder in einem der Cafés im nahen Studentenviertel **Exárchia** (s. S. 49).

Nachmittags wäre Zeit für einen Ausflug, z. B. nach **Piräus 41**, wo vor allem die Tavernen am Mikrolímano, dem kleinsten der drei Häfen, für frischen Fisch und Meeresfrüchte bekannt sind. Zum Bad im Meer bieten sich ein Stück weiter südlich die Strände der **Apollon-Küste 44** an, die leicht per Straßenbahn von Piräus aus erreichbar sind. Den Abend kann man in einer der dortigen Strandbars oder -lokale ausklingen lassen, z. B. in Glyfáda, wo auch das Nachtleben legendär ist.

Stadtspaziergänge

Um die Metropole Athen in kurzer Zeit möglichst umfassend kennenzulernen, werden nachfolgend zwei Rundgänge vorgeschlagen, die sich auch verbinden oder auf mehrere Tage aufteilen lassen. In Spaziergang 1 stehen die antiken Ruinen der Stadt um die Akropolis und die Altstadt im Zentrum. Spaziergang 2 widmet sich hingegen der modernen Stadt und ihrem pulsierenden Leben zwischen den beiden Hauptplätzen Omónia und Sýntagma.

005at-mb

Routenverlauf im Stadtplan
Die hier beschriebenen Spaziergänge sind mit farbigen Linien im Stadtplan eingezeichnet.

Spaziergang 1: der Vergangenheit auf der Spur

Ausgangspunkt dieses gut 7 km langen Spaziergangs ist die **Metrostation „Akrópoli"** (Linie 2). Schon in der Station rufen Kopien von Funden von der Akropolis und aus Grabungen während des Baus der U-Bahn Erstaunen hervor. Aufgetaucht aus dem Untergrund, steht man auf der **Archäologischen Promenade** ⑪ mit Blick auf den Burgberg. Bevor man jedoch durch den Südeingang langsam den Hügel zur **Akropolis** ❶ erklimmt, sollte man dem **Akropolis-Museum** ⑩ einen Besuch abstatten.

Vorbei an verschiedenen kleineren Heiligtümern, **Dionysos-Theater** ❼ und **Odeion des Herodes Atticus** ❾ führt der Weg dann hinauf zur Akropolis, wo man sich Zeit lassen sollte. Auf der Archäologischen Promenade geht es dann vorbei an **Pnyx** ⑭ und **Musenhügel** mit dem **Philópappos-Monument** ins Viertel **Thissío**, wo Lokale und Cafés zur Pause einladen.

Fast schon idyllisch wirkt das Grabungsareal im **Kerameikós** ⑮ mit überschaubarem Museum, ehe es auf der griechischen **Agorá** ⑱ wieder weitläufig wird. Die geschäftige Platía Monastirakíou bildet das Zentrum des gleichnamigen Viertels.

Geruhsam lässt man sich dann durch die gleichermaßen attraktiven Gassen von **Monastiráki** ⑲ und der **Pláka** ⑳ treiben, wobei **Anafiótika** ㉓ einem Dorf mitten in der Stadt gleicht. In einer der zahlreichen Tavernen in der Plaká kann man den Spaziergang ausklingen lassen.

◁ *Trotz manchmal rudimentärer Beschilderung findet man sich in Athen leicht zurecht*

Spaziergang 2: unterwegs im modernen Athen

Von der **Metrostation „Omónia"** am gleichnamigen Platz ㉙ führt dieser gut 4 km lange Spaziergang zunächst Richtung Süden auf der **Odós Athinás** [H5/6], der zentralen Einkaufsstraße, vorbei am Rathaus zum **Zentralmarkt** (s. S. 85), der einem orientalischen Basar gleicht. Abgesehen von Fleisch- und Fischhallen befinden sich ringsum kleinere Läden und Stände mit Käse, Oliven, Kräutern und Gewürzen, Trockenfrüchten, Gemüse und Obst, aber auch Haushaltsartikeln. Die Odós Athinás mit ihren Läden für alle „Dinge des Alltags" oder die parallel verlaufende, zur Fußgängerzone umgestaltete Odós Aiólou führen zur Hauptbummelmeile der Stadt, der Odós Ermoú [F6–I7]. Sie wiederum führt zum zweiten modernen Hauptplatz, der **Platía Sýntagma** ㉝, dominiert vom **Parlamentsgebäude** ㉞, vor dem die Ev-

zonen Wache stehen. Hinter dem Gebäude erstreckt sich der **Nationalgarten** ㉟. Seine nördliche Grenze bildet der Leof. Vas. Sofías und hier laden gleich drei hochkarätige Museen zum Besuch ein: das **Benáki** ㊲, das **Museum of Cycladic Art** ㊳ und das **Byzantinische und Christliche Museum** ㊴ – alle drei mit empfehlenswerten Cafés.

Jenseits des vielbefahrenen Leof. Vas. Sofías beginnt das Nobelviertel **Kolonáki** ㊵ mit schicken Boutiquen und Cafés um die zentrale Pl. Kolonakíou. Höhepunkt ist der Aufstieg auf den Lykabettós. Die 360°-Aussicht ist atemberaubend, vor allem bei Sonnenuntergang.

🔼 *Blick auf das Athener Parlament* ㉞ *an der Platía Syntágmatos* ㉝

Das antike Athen

Schon in den 1830er-Jahren träumte der erste griechische König, der Bayer Otto I., von einer archäologischen Zone um den Akropolis-Hügel. Doch erst im Vorfeld der Olympischen Sommerspiele, die 2004 stattfanden, wurde der Traum verwirklicht: Eine breite Fußgängerzone verläuft nun rings um die Akropolis vom Hadrianstor über die Pnyx **14** *bis zur Agorá* **18** *und grenzt auf diese Weise das antike vom modernen Athen ab.*

1 Akropolis ★★★ [H8]

Ακρόπολη

Einst das religiöse Zentrum der antiken Stadt, wimmelt es heute auf der Akropolis vor Besuchern aus aller Welt. Rund 1,7 Mio. Menschen im Jahr bevölkern das weithin sichtbare, 150 m hohe und etwa 170 x 350 m große Kalksteinplateau, auf dem einst zwischen prachtvollen Tempeln Weihgeschenke und Kultgegenstände aufgestellt waren.

Der **Burgberg** hat die Menschheit von jeher in seinen Bann gezogen. Die Akropolis gilt als eines der außergewöhnlichsten Denkmäler der Welt und erinnert an die erste große Blütezeit europäischer Kultur. Es ist den Bayern zu verdanken, dass neben dem **grandiosen Zugang** im Westen (Propyläen **2**) – alle anderen Seiten sind wegen der Steilhänge unzugänglich – noch **drei Tempel** aus dem 5. Jh. v. Chr. (Parthenon **4**, Nike-Tempel **3** und Erechtheion **5**) relativ gut erhalten sind. Während der langen Türkenherrschaft weitgehend ignoriert, setzten der bayerische **König Ludwig I.** und sein Baumeister Leo von Klenze (s. S. 102) alles daran, die antike Stätte als Denkmal zu schützen. So

wurde das Areal kurz nach der Befreiung Griechenlands 1834 zum „Kulturzentrum" erklärt – und seither bemühen sich Archäologen und Architekten um seinen Erhalt für die Nachwelt.

Das Bild der Akropolis entspricht heute jenem aus der Blütezeit Mitte des 5. Jh. v. Chr. unter dem Staatsmann Perikles. Scherbenfunde belegen jedoch, dass der Burgberg schon im **Neolithikum** besiedelt war (7. Jahrtausend v. Chr.) und auch **Homer** (12./13. Jh. v. Chr.) erwähnt im 8. Buch seiner „Odyssee" einen Palast an der Stelle des heutigen Erechtheion, den er das „prächtige Haus des Erechtheus" nannte. Allmählich entstand rings um den Hügel, vor allem im Norden, eine Stadt. Wie der antike Historiker Herodot (5. Jh. v. Chr.) überliefert, erlebte die Akropolis als Wohnareal, Schutzburg und Heiligtum unter der Tyrannenfamilie der **Peisistratiden** (Mitte bis Ende des 6. Jh. v. Chr.) eine erste Blüte. Außerdem fungierte der Hügel ab 566 v. Chr. als Zielort der **Neuen Panathenäen**, eines von Peisistratos wieder eingeführten athletisch-kultischen Festes mit großem Umzug.

Um 480 v. Chr. zerstörten die Truppen von **Perserkönig Xerxes** das zuvor evakuierte Athen und die Akropolis. Beim Wiederaufbau wurde zunächst das Plateau im Norden und Süden mit Bauschutt, dem sog. Perserschutt, aufgefüllt. Grabungen in den 1880er-Jahren brachten kostbare Funde zutage, denn nicht nur Bauteile, sondern auch Statuen waren als Füllmaterial verwendet worden. Anhand dieser Entdeckungen konn-

▷ *Ergänzen sich perfekt: das moderne Akropolismuseum* **10** *(vorne links) und die antike Akropolis* **1**

ten mehrere Bauten, Tempel bzw. Schatzhäuser rekonstruiert werden, die vom späten 7. Jh. v. Chr. bis zum „Persersturm" existiert hatten.

Während der klassischen Periode, vor allem unter **Perikles** (ca. 450–420 v. Chr.), begann ein groß angelegtes, ehrgeiziges Bauprogramm. Der Parthenon, das Erechtheion ❺, der Nike-Tempel ❸ und die Propyläen ❷ entstanden und aus einem befestigten Wohnort und Standort der ältesten Heiligtümer wurde ein **religiös-kultisches Zentrum**. In den nachfolgenden Jahrhunderten entstanden dann kaum mehr größere Bauten.

Den Übergang von der heidnischen Antike zur **frühchristlichen Zeit** überstanden die Tempel auf der Akropolis im 6. Jh. n. Chr. durch ihre Umwandlung in Kirchen. Ab dem 12. Jh. wählten viele Fremdherrscher die Akropolis erneut als Burg und Wohnsitz. Als im 15. Jh. die **Türken** das Kommando übernahmen, wurde aus dem zur Marienkirche umfunktionierten Parthenon eine Moschee und ein Munitionslager. Letzteres sollte sich als

fatal erweisen: Als 1687 die **Venezianer** die Akropolis belagerten, traf ein Artilleriegeschoss der Einheit eines Lüneburger Leutnants das Pulverlager, das explodierte und den Tempel schwer beschädigte.

KURZ & KNAPP

Perikles

In der Blütezeit des antiken Athens war Perikles (ca. 495–429 v. Chr.), der wegen seines großen Kopfes von den Athenern spöttisch „Schinoképhalos" („Mehrzwiebelkopf") genannt wurde, eine politische Größe. Als hervorragender Redner und Politiker beeinflusste er maßgeblich Athens demokratische Politik, besonders während des Peloponnesischen Krieges. Er war jedoch zugleich ein **großer Kunstmäzen**, der die griechische Klassik prägte und Künstler, Bildhauer, Dichter und Philosophen um sich scharte. Der Begriff „Perikleisches Zeitalter" wurde zum Synonym für eine Phase der künstlerischen und kulturellen Blüte. Im Herbst 429 v. Chr. starb er an der Pest.

Akropolis

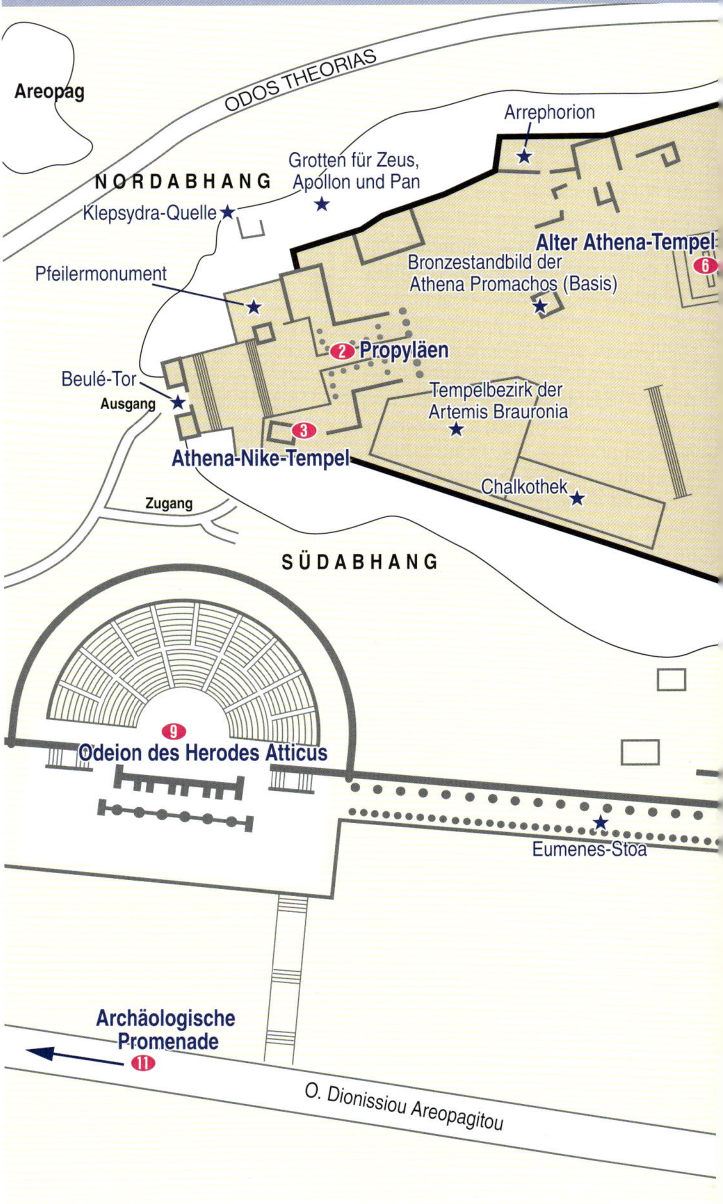

Areopag

ODOS THEORIAS

Arrephorion ★

Grotten für Zeus,
Apollon und Pan ★

N O R D A B H A N G

Klepsydra-Quelle ★

Pfeilermonument ★

Bronzestandbild der
Athena Promachos (Basis) ★

Alter Athena-Tempel ❻

❷ **Propyläen**

Beulé-Tor
Ausgang ★

Tempelbezirk der
Artemis Brauronia ★

❸

Athena-Nike-Tempel

Zugang

Chalkothek ★

S Ü D A B H A N G

❾
Odeion des Herodes Atticus

Eumenes-Stoa ★

**Archäologische
Promenade**
⓫

O. Dionissiou Areopagitou

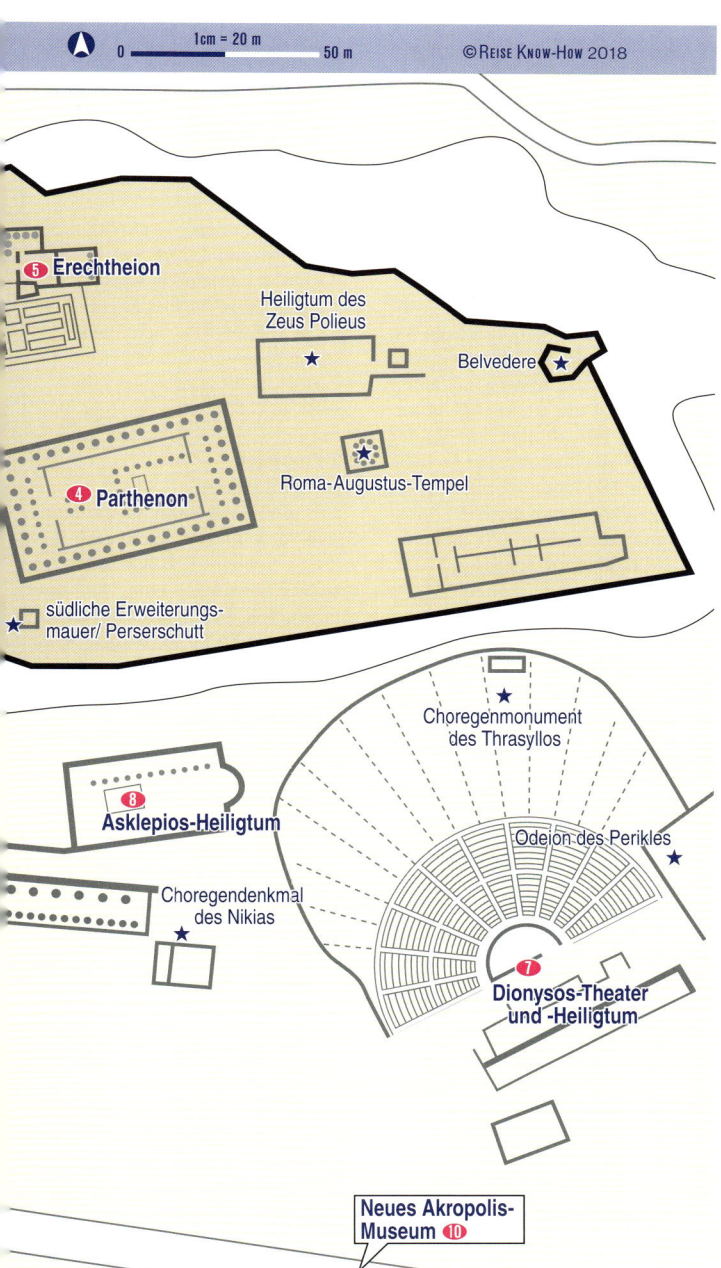

1cm = 20 m
0   50 m
© Reise Know-How 2018

5 **Erechtheion**

Heiligtum des
Zeus Polieus

Belvedere ★

4 **Parthenon**

Roma-Augustus-Tempel

südliche Erweiterungs-
mauer/ Perserschutt

Choregenmonument
des Thrasyllos

8
Asklepios-Heiligtum

Odeion des Perikles

Choregendenkmal
des Nikias

7
**Dionysos-Theater
und -Heiligtum**

**Neues Akropolis-
Museum** **10**

Kombiticket

Ein **Sammelticket** für 30 €, gültig für fünf Tage, verschafft Zutritt zu den wichtigsten archäologischen Stätten Athens: Akropolis ❶, Agorá ⓲, Kerameikós ⓯, Römische Agorá ㉒, Hadrians-Bibliothek ㉑ und Olympieion ⓬. Es ist an den genannten Attraktionen erhältlich.

Nachdem die Türken 1833 die Akropolis endgültig geräumt und der bayerische König Ludwig I. seinen Sohn **Otto** davon überzeugt hatte, dass Athen die würdige Hauptstadt des neuen griechischen Staates sei, ließ dieser 1834 die Akropolis zur **archäologischen Zone** erklären. Ausgrabungen begannen im gleichen Jahr und zogen sich das ganze 19. Jh. über hin.

Zwischen 1898 und 1939 fanden erste Restaurierungen statt, allerdings begannen die verwendeten Eisenklammern im Lauf der Zeit zu korrodieren und sprengten den Stein. Mit der Ernennung zum **UNESCO-Weltkulturerbe** in den 1970er-Jahren wurde ein umfassendes Hilfsprogramm initiiert, das bis heute andauert und einer kostspieligen Sisyphusarbeit gleicht. Zuletzt ist man dazu übergegangen, sämtlichen Originalbildschmuck abzunehmen und durch aufwendige Kopien zu ersetzen.

❯ Metrolinie 2 „Akrópoli". Es gibt drei **Zugänge:** Haupteingang (im Westen, nahe Areopag/Pnyx ⓮), Südeingang gegenüber dem Akropolis-Museum ⓾ über die O. Dionysíou Areopagítou und Nordeingang an der O. Theorías (oberhalb der Pláka ⓴).

❯ **Öffnungszeiten:** tgl. 8–19 Uhr (letzter Einlass 18.30 Uhr). In der Hauptsaison ist es ratsam, die Akropolis gleich zur Öffnung um 8 Uhr oder erst am späteren Nachmittag zu besichtigen, um den Besuchermassen zu entgehen. Zudem sind Süd- und Nordzugang weniger frequentiert als das Haupttor.

❯ **Eintritt:** 20 € inkl. Nord- und Südabhang. Das Kombiticket (siehe links) ist empfehlenswert.

❯ **Infos:** http://odysseus.culture.gr/h/3/eh351.jsp?obj_id=2384

❯ Wie man sich die Akropolis von einst vorzustellen hat, schildert Anfang des 2. Jh. n. Chr. ausführlich der „Vater des Reisejournalismus", **Pausanias**, im ersten Buch seiner „Beschreibung Griechenlands" (s. S. 114).

❷ Propyläen ★★ [G8]

Προπύλαια

Das den Propyläen vorgelagerte **Beulé-Tor** entstand erst nach 267 v. Chr., als die Akropolis in die Stadtfestung einbezogen wurde. Der Name erinnert an den Archäologen Ernest Beulé, der es im 19. Jh. freigelegt hat. Über eine zweiteilige Treppe, die unter dem römischen Kaiser Septimius Severus Anfang des 3. Jh. n. Chr. angelegt wurde und mittlerweile modernisiert worden ist, gelangt man auf die Burg, genauer: zu den Propyläen, dem antiken Torbau.

Das 437–432 v. Chr. von dem sonst unbekannten Architekten **Mnesikles** (wohl ein Schüler des berühmten Baumeisters Iktinos) erbaute Meisterwerk beeinflusst bis heute die Planung repräsentativer Torbauten. Die Propyläen galten als erster Bau, der den ionischen und dorischen Baustil vereinte und auch die Zufügung von Flügelbauten war wegweisend. Im nördlichen Flügel befand sich eine **Pinakothek** (Gemäldeausstellung). An den Wänden aufgereihte steinerne „Klinen" (Liegen) belegen, dass dort auch kultische Festmähler stattfanden. An der Südseite ist aus dem geplanten symmetrischen Seitenflügel nur eine kleine Vorhalle geworden, die als Durchgang zum Athena-Nike-Tempel ❸ diente.

Durchschreitet man heute, dem „Heiligen Weg" folgend, die Propyläen, fällt der Blick zunächst auf ein **steinbedecktes Plateau.** Einst standen hier zuhauf Weihestatuen, kleine Heiligtümer und Altäre. Unter der Masse von Weihgeschenken dürfte damals besonders in der Mittelachse das rund 9 m hohe **Bronzestandbild der Athena Promachos** aufgefallen sein. Das Bild der Göttin als „Vorkämpferin" mit Helm und Lanze soll von dem griechischen Künstler Phidias gefertigt und 454 v. Chr. aufgestellt worden sein. Erhalten sind Teile der Marmorbasis, die Statue selbst wurde von den Türken verschleppt und eingeschmolzen. Dass man heute überhaupt noch eine Vorstellung vom Aussehen der Figur hat, ist verkleinerten antiken Kopien und Münzen zu verdanken.

❸ Athena-Nike-Tempel ★★ [G8]
Ναός Αθηνάς Νίκης

„*Rechts von den Propyläen befindet sich der Tempel der Nike Apteros. Von hier ist das Meer sichtbar, und hier stürzte sich, wie man sagt, Aigeus herab.*" Mit diesen nüchternen Worten beginnt der antike Reiseschriftsteller Pausanias (I 22,4f.) seine Beschreibung des *kleinen, aber architektonisch und künstlerisch hochinteressanten Nike-Tempels.*

Der weithin sichtbare Bau steht auf einem befestigten Felsvorsprung an der Südwestecke der Propyläen, dem Nike-Pyrgos. Er ist der **Athena-Nike geweiht**, der Sieg bringenden Stadtgöttin, die hier bereits ab der Mitte des 6. Jh. v. Chr. verehrt wurde. Antike

Quellen überliefern, dass nach dem Kalliasfrieden, dem Friedensschluss zwischen Griechen und Persern im Jahr 448 v. Chr., der Architekt Kallikrates Pläne für die Errichtung eines neuen Marmortempels und Altars für Athena-Nike vorgelegt hatte. Der Startschuss fiel wahrscheinlich erst nach der Propyläen-Fertigstellung, d. h. nach 432 v. Chr.

1687 ließen die osmanischen Machthaber den Tempel abreißen und verwendeten die Bauteile für die Akropolisbastion. Der archäologische Berater und Denkmalschützer des Königs, **Ludwig Ross** (1806–1859), entdeckte 1835 die Bauglieder wieder und setzte sie mit den Architekten Eduard Schaubert und Christian Hansen neu zusammen.

⊡ *Der Athena-Nike-Tempel, ein Kleinod antiker Bau- und Bildhauerkunst*

Es handelt sich um einen nach Osten ausgerichteten kleinen Tempel mit je vier vorgestellten ionischen Säulen im Osten und Westen, d. h. um einen Amphiprostylos. Es gibt weder Pronaos (Vorraum) noch Ophistodom (Rückraum). Der Tempel stellt ein **Musterbeispiel für den attisch-ionischen Baustil** dar, mit künstlerisch hochkarätigem Bildschmuck, an dem die führenden Künstler der Zeit – Kallimachos, Agorakritos, Alkamenes und Paionios – beteiligt waren.

Der als oberer Wandabschluss umlaufende **Fries** zeigte die Sieg bringende Schlacht der Athener gegen die Perser und deren griechische Verbündete im Beisein einer Götterversammlung. Einige Originalplatten befinden sich im British Museum, am Tempel selbst sind Abgüsse angebracht. Von der Bronzegruppe im Giebelfeld sind nur Einlassspuren erhalten.

Künstlerisch am bedeutendsten war jedoch die den Bezirk umfassende **Marmorbalustrade** (410 v. Chr.). Das rund einen Meter hohe Reliefband aus pentelischem Marmor, das ursprünglich, wie alle antiken Plastiken, farbig gefasst war, gilt als Musterbeispiel des „Reichen Stils", einer Periode der Klassik (ca. 420–380 v. Chr.). Etwa ein Drittel der 41 m langen Balustrade ist erhalten und zeigt Nike und ihr Gefolge bei kultischen Handlungen, darunter das Meisterwerk der „Sandalenbinderin" (zu sehen im Akropolis-Museum **10**).

④ **Parthenon** ★★★ [H8]
Παρθενὼν

Es gibt kaum ein Bauwerk, das Betrachter aller Epochen und Kulturen derart in seinen Bann gezogen hat wie der Parthenon. Der imposante Marmortempel ist nicht nur Symbol der Stadt Athen und der UNESCO, sondern der gesamten Menschheit.

Die im Hintergrund treibende Kraft des Baus war Perikles, als Ausführende überliefern antike Schriftquellen drei Namen: die Architekten **Iktinos** und **Kallikrates** sowie den Bildhauer **Phidias.** Ob letzterer die Gesamtleitung innehielt, wie der antike Autor Plutarch behauptet, sei dahingestellt, doch allein die Bauplastik und das berühmte, nur in Form von Statuetten erhaltene Gold-Elfenbein-Standbild der Athene weisen ihn als künstlerisches Genie aus. 447 v. Chr. erfolgte die Grundsteinlegung und bereits 438 wurde der Tempel anlässlich des Panathenäen-Fests geweiht. Bauinschriften und andere Quellen berichten, dass 432 mit Anbringung

009at-mb

der Giebelfiguren der Tempel vollendet war.

Es handelt sich um einen reinen Hausteinbau, errichtet ohne jeden Mörtel. Dass es gelang, einen aus klobigen Steinen zusammengesetzten **Großbau so dynamisch und leicht** wirken zu lassen, ist einer genialen Erfindung zu verdanken: Weder horizontal noch vertikal gibt es schnurgerade Linien, dafür „Kurvaturen". Der Unterbau wölbt sich zur Mitte hin um 52 cm, die Säulen weisen einen „Bauch", eine Entasis, auf. Kein Wunder, dass viele klassizistische Nachbauten – wie die Regensburger Walhalla – vergleichsweise steril und kalt wirken!

Der Parthenon ist ein Amphiprostylos mit einer Peristasis, einem **Säulenumgang** aus 8 x 17 dorischen Marmorsäulen von je 10,43 m Höhe bei 1,90 m unterem und 1,48 m oberem Durchmesser, die mit 20 Kanneluren (Rillen) versehen sind. Die vier Ecksäulen weichen zudem durch einen gut 4 cm größeren Durchmesser ab – ein weiterer optischer Trick. Der Tempel steht auf einem rund 31 x 70 m großen dreistufigen Unterbau (Stylobat). Die **Cella**, der Hauptraum, ist nach Osten ausgerichtet und zweigeteilt: Im Westen wurden der Staatsschatz und diverse Kultgegenstände aufbewahrt, im Osten stand das erwähnte Kultbild der Athene.

Der Parthenon ist kein Neubau im eigentlichen Sinn, es gab (mindestens) zwei **Vorgängerbauten**, einen „Ur-" und einen „Vorparthenon". Ersterer wird allgemein in die Zeit um 510/500 v. Chr. datiert, während man beim Vorparthenon diskutiert, ob er vor dem Perserstrum auf Athen 480 v. Chr. erbaut wurde oder danach. Auch bezüglich der Veränderungen nach der Antike herrscht Uneinigkeit, ebenso darüber, wann die **Umwandlung in eine christliche Kirche** erfolgte. Sicher ist, dass diese Maßnahme den Bau vor der Plünderung bewahrt hat. 1456–1458 gestalteten ihn die Türken in eine **Moschee** um und 1687 jagten venezianische Truppen das hier befindliche Pulvermagazin in die Luft.

Was vom **Bildschmuck** im Laufe der Jahrhunderte nicht verloren gegangen ist, geraubt oder zerstört wurde, fiel dieser Explosion, der Sammelleidenschaft des Lord Elgin (s. S. 29) und modernen Umwelteinflüssen zum Opfer. Da die Reste spärlich sind – sie stehen heute im Museum ❿ und wurden am Bau durch Kopien ersetzt –, fällt es schwer, sich die einst prächtige farbige Ausgestaltung, von den dorischen Metopen über den ionischen Fries rings um die Cella bis hin zu den monumentalen Giebelfiguren, vorzustellen. Ein Traum ist, im neuen Akropolis-Museum ❿ den Bauschmuck einmal komplett zeigen zu können – derzeit befinden sich 90 % der Originale im British Museum bzw. einzelne Stücke im Louvre und in den Vatikanischen Museen.

EXTRATIPP

Aussichtsturm

An der äußersten Ostspitze des Akropolis-Plateaus stehen die Reste eines türkischen Turms, über den im 19. Jh. ein Aussichtspunkt bzw. Belvedere für die Königsfamilie erbaut wurde (markiert durch die griechische Flagge). Von oben bietet sich ein hervorragender Ausblick!

◁ *Bildschmuck des Parthenon-Ostgiebels. Die Originale von Heliosgespann und Dionysos befinden sich im British Museum.*

010at-mb

Beim Erechtheion handelt es sich um den **letzten großen Neubau auf der Akropolis.** Noch wesentlich stärker als bei den Propyläen wurden verschiedene Bauformen auf unterschiedlichen Ebenen kombiniert. Die Bauzeit zog sich von 421 bis 406 v. Chr. hin, also während des Peloponnesischen Krieges. Im 7. Jh. n. Chr. wurde aus dem Erechtheion die christliche Kirche **Panagía Theotókos** („Gottesgebärerin") und während der türkischen Besetzung zog hier der **Harem** des Burgkommandanten ein.

Das „**Haus der Athena**" erhebt sich mit klassischer Tempelfront über einem dreistufigen Unterbau im Osten, eine Querwand trennt das Erechtheion davon ab. Betreten wurde Letzteres durch eine kunstvoll geschmückte Tür an der Nordhalle, auf dem tiefsten Niveau; ihr vorgestellt sind sechs kunstvoll mit Ornamentbändern versehene ionische Säulen von 7,64 m Höhe. Man betrat einen quer gelagerten Raum, der eine **Reihe unterschiedlichster Kultstätten** barg: eine „Krypta" – die Felskluft der Erechthonios-Schlange –, einen Altar, den Zugang zum Grab des mythischen Urkönigs Kekrops und zwei Kulträume mit Altären für Hephaistos und Butes, dem Urkönig.

Im Süden, an der Schmalseite, führte ein Treppchen in die Koren-Halle, an der Westfront schloss sich ein offener Kultbezirk an. Dieses sog. **Pandroseion** war der Kekrops-Tochter, zugleich die erste Athena-Priesterin, geweiht. In dem ummauerten Hof befanden sich ein Zeus-Altar und steht heute ein Nachkomme des **heiligen Ölbaums** der Athena. Kurz nach

❺ Erechtheion ★★★ [H8]
Ερέχθειο

„Der den alten Athena-Tempel ersetzende Tempel" (W. Dörpfeld) zählt zu den Höhepunkten der Akropolis. Bereits der antike Reiseschriftsteller Pausanias nannte ihn verkürzt „Erechtheion" („Haus des Erechtheus") und erwähnte, dass dieses Heiligtum auch „Tempel der Athena Polias" hieß. Einerseits verehrte man hier Athena als Stadtgöttin, andererseits wurden zahlreiche alte Kulte begangen.

Entsprechend verwirrend ist auch die **Bauform:** Während der Ostteil des Tempels als der kultische Nachfolgerbau des alten Athena-Tempels gilt, befand sich im Westen das eigentliche Erechtheion, in dem nicht weniger als 13 Gottheiten und mythische Heroen verehrt worden sein sollen, darunter Erechtheus, Kekrops oder Pandrosos. Daneben huldigte man Poseidon, der sich mit Athena um die Macht über Athen stritt. Sein Dreizackmal soll sich unter dem Fußboden der Nordhalle befinden, Athenas Ölbaum hingegen im angrenzenden Bezirk der Pandrosos.

⌃ *Die Karyatiden an der Südhalle des Erechtheion*

dem Persereinfall 480 v. Chr. ist laut Herodot (VIII, 55) der Baum durch Feuer zerstört worden, trieb aber überraschend wieder aus – für die Athener ein Zeichen der Beständigkeit ihrer Stadt.

Vor der Westfront erkennt man Teile des monumentalen **Poros-Fundaments** des Alten Athena-Tempels ⑥, das der Neubau – vor allem die **Korenhalle** – an der Südseite teilweise überschneidet. Dieses kleinere Pendant zur Nordhalle zeichnet sich durch die Stützfiguren aus: Mädchenfiguren, auch „**Karyatiden**" („die Frauen von Karien") genannt, stehen auf einem hohen Sockel und tragen das Gebälk. Die zweite Kore, vom Westen gesehen, befindet sich im British Museum, die anderen Originale im Akropolis-Museum ⑩. Ein figürlicher **Fries** unbekannten Themas umlief mit Ausnahme der Korenhalle auf 60 m Länge den Bau. Die geringen Überreste des 62–68 cm hohen Bandes zeigen, dass es sich um aufwendig gearbeitete, vollplastische Figuren vor dunklem eleusinischen Marmorhintergrund gehandelt hat.

⑥ Alter Athena-Tempel ★　　[H8]
Αρχαίος ναός της Αθηνάς
Der Vorgängerbau des Erechtheion ⑤ war der Alte Athena-Tempel, der Tempel der Athena Polias, der am Ort des mykenischen Königspalastes im 14. Jh. v. Chr. errichtet worden war. Erhalten ist ein **mächtiges Kalksteinfundament,** nach seinem Entdecker auch „**Dörpfeld-Fundament**" genannt. Um 530/520 v. Chr. soll der Bau auf Geheiß der beiden Peisistratiden-Söhne Hippias und Hipparchos errichtet worden sein, im frühen 5. Jh. v. Chr. wurden die empfindlichen Poros durch Marmor ersetzt und eine Ringhalle (Peristasis) zugefügt.

Als der Beschluss gefasst wurde, den Parthenon zu bauen, stand der während des Persersturms in Mitleidenschaft gezogene Alte Athena-Tempel dem Projekt im Wege. Seine Bauteile wurden daher in die Akropolis-Nordmauer eingebaut bzw. für das Fundament des Parthenon verwendet. 406 v. Chr. wurde das alte Tempelareal komplett eingeebnet.

Der deutsche Archäologe Wilhelm Dörpfeld brachte bei Grabungen Ende des 19. Jh. das 21 x 43 m große Fundament zwischen Parthenon und Erechteion wieder ans Tageslicht. Über **mögliche Vorgängerbauten** streitet sich die Forschung bis heute. Insgesamt hat man Reste von sechs Poros-Giebeln unsicherer Zuordnung gefunden (einige sind im Akropolis-Museum ⑩ zu sehen). Sicher ist lediglich, dass bereits in geometrischer Zeit (1000–800 v. Chr.) ein einfacher Kultbau existierte.

Akropolis-Südabhang

Die Bauten an den Abhängen des Akropolis-Hügels werden von Besuchern oft links liegen gelassen, da viele vom Südaufgang möglichst schnell auf die Akropolis hinauf möchten. Dabei sagt die Bebauung hier viel über das politische, kulturelle und soziale Leben der antiken Stadt aus.

⑦ Dionysos-Theater und -Heiligtum ★★　　[H8]
Θέατρο και ιερό του Διονύσου
Unmittelbar hinter dem Südzugang zur Akropolis entdeckten Archäologen die Mauerreste einer Bühne: des **Odeion des Perikles** (um 443/442 v. Chr.), des ersten überdachten Konzertgebäudes Athens. 86 v. Chr. brannten es die Athener selbst nieder, um Sulla bei der römischen Bela-

gerung kein Holz zu überlassen. Zwischen 62 und 52 v. Chr. wiederaufgebaut, wurde es beim Heruler-Einfall 267 n. Chr. endgültig zerstört und Anfang des 20. Jh. ausgegraben. Die gefundenen **Großplastiken** sind unter Dach ausgestellt.

Das Dionysos-Theater gilt als **Prototyp eines griechischen Theaters**, ist das älteste griechische Theater in Athen und zugleich das bekannteste nach jenem von Epidauros. Der Monumentalbau am Südabhang ist jedoch nur Teil des gleichnamigen Heiligtums. Begonnen wurde der Bau unter Perikles in der 2. Hälfte des 5. Jh. v. Chr., fertiggestellt wurde er unter Lykurg um 330 v. Chr. Anfangs war das Theater lediglich mit Holzsitzreihen ausgestattet, erst unter Lykurg erhielt es ein festes Bühnengebäude und steinerne Sitze.

Erhalten sind die **Reste der Säulenhalle** des hellenistischen, mehrfach umgebauten Bühnengebäudes und der **Orchestra** von knapp 20 m Durchmesser. Eine Steinbarriere mit gut erhaltenem Relief von dionysischen Szenen aus römischer Zeit grenzt die Skene vom Publikumsraum ab.

Das Theater bot rund **17.000 Besuchern** Platz, die sich auf 67 Reihen und drei Ränge verteilten. Der Zuschauerraum schmiegte sich an den Hang und war in 13 Keile gegliedert. Ganz unten (Prohedrie) befanden sich die Ehrensitze für die Choregen (siehe Exkurs S. 26), ursprünglich mit Baldachin, sowie steinerne Sessel mit Priesterinschriften. In der Mitte stand der Thron des Dionysos-Priesters, der um 100 v. Chr. im neuattischen Stil aufwendig mit Löwen, Greifen und Satyrn gestaltet wurde. Dahinter befand sich erhöht der **Ehrenplatz für Kaiser Hadrian**. Ringsum gruppierten sich, wie Quellen berich-

ten, Statuenbasen für die bedeutenden Dichter Aischylos, Sophokles und Euripides, deren Stücke im Rahmen der Dionysos-Feste zur Aufführung kamen.

Dem Theater im Süden vorgelagert und durch eine Säulenhalle (um 420 v. Chr.) abgetrennt, ist das **Dionysos-Heiligtum**. Angeblich wurde der Dionysos-Kult im 6. Jh. v. Chr. von Peisistratos in Athen eingeführt. Vom ersten Bau sind nur Fundamentreste erhalten, wohingegen der Nachfolger aus der Mitte des 4. Jh. v. Chr. in den 1960er-Jahren ausgegraben worden ist.

⑧ Asklepios-Heiligtum ★ **[H8]**
Ασκληπιείον

Linker Hand befinden sich auf einer schmalen Terrasse die Reste des Asklepios-Heiligtums, das um 419/18 v. Chr. von einem Athener Bürger namens Telemachos in Anlehnung an das große Heiligtum in Epidauros dem Gott der Heilkunst gestiftet wurde. Es handelte sich um eine Art **kultisches Sanatorium mit Heilquelle**.

Um nur einer Krankheit zu genesen, mussten Patienten Asklepios ehren, Opfer darbringen und zugleich hier eine oder mehrere Nächte im Heilschlaf verbringen. Hierfür existierte eine um 350 v. Chr. errichtete, zweistöckige und etwa 50 m lange dorische Säulenhalle, deren Rückwand in den Fels eingearbeitet war. In römischer Zeit entstand am Südrand eine zweite, kleinere Halle, von der Reste erhalten sind. Im Zentrum stand der **Asklepios-Tempel**, zu dem hin sich beide Hallen öffneten.

▷ *Noch heute wird das Odeion des Herodes Atticus für Aufführungen genutzt*

❾ Odeion des Herodes Atticus ★★ [G8]
Ωδείο Ηρώδου Αττικού

Das Herodes-Atticus-Theater ist der **auffälligste Bau am Südabhang der Akropolis** und wird aufgrund seines hervorragenden Erhaltungszustands noch heute für Veranstaltungen im Rahmen des Athens Epidauros Festival genutzt (s. S. 92). Kurz nach 160 n. Chr. wurde der Bau geweiht, finanziert hatte ihn Herodes Atticus aus Marathon (101–177), einer der großen Mäzene seiner Zeit, im Gedenken an seine verstorbene Frau Regilla. Zwar wurde das Odeion bei einem feindlichen Angriff der Heruler 267 beschädigt, doch blieben große Teile unversehrt.

Es handelt sich beim „Herodion" um ein „**Musiktheater**" mit steiler, halbkreisförmiger Cavea (Zuschauerränge) aus Marmor mit einem Durchmesser von 76 m. Den Mittelpunkt bildet die halbrunde Orchestra von 18 m Durchmesser. Das einst marmorverkleidete, mehrgeschossige Bühnengebäude (Scenae frons) war mit Säulen und Statuen ausgestattet und trug einen Dachstuhl aus Zedernholz mit Ziegeldeckung. Auf den zwei Rängen, die durch einen Umgang (Diazoma) voneinander getrennt und durch Keile (Cunei) gegliedert waren, fanden ungefähr 5000 Zuschauer in 32 Sitzreihen Platz.

Zwischen Dionysos-Theater ❼ und Odeion liegen die Reste der langgestreckten **Eumenes-Stoá.** Benannt wurde der Bau nach Eumenes II. (197–159 v. Chr.), Herrscher über das kleinasiatische Reich von Pergamon, der zugleich Auftraggeber des berühmten Pergamonaltars war. Er ließ die 164 m lange, zweistöckige Wandelhalle für die Besucher des Dionysos-Theaters ❼ direkt am Peripatos, an den Hang angelehnt, errichten. Sein Bruder und Nachfolger, Attalos II. (160–139 v. Chr.), gab fast gleichzeitig die sog. Attalos Stoá auf der Agorá ⓲ in Auftrag, die jedoch Handelszwecken diente.

Das griechische Theater

Dass man relativ gut über das griechische Theater Bescheid weiß, liegt nicht nur an den überlieferten Stücken, sondern auch an zahlreichen Quellen zu Bauweise und Aufführungspraxis. Die wichtigsten Autoren sind Aristoteles („Poetik"), Horaz („Ars poetica"), Pollux („Onomastikon"), Livius („Ludi scaenici") und Vitruv.

Die **Ursprünge** des Theaters liegen im **Dionysos-Kult** begründet, Aufführungen fanden während der dem Gott geweihten Feste wie Lenäen, Dionysien oder Anthesterien auf dem kreisrunden Tanzplatz, der Orchestra, mit einem Dionysos-Altar in der Mitte, statt. Die Zuschauer saßen ursprünglich rings um den Hang auf dem Boden, die „Skene", das Bühnenhaus, war in frühen Zeiten ein provisorischer Holz-

schuppen. Mit der Zeit wurden die einzelnen Bauteile aufwendiger und prächtiger ausgestaltet, wobei man beim Dionysos-Theater ❼ zur kanonischen Form des griechischen Theaters fand.

Zu Anfang, in der zweiten Hälfte des 6. Jh. v. Chr., traten beim „Dithyrambos" oder Zweigesang ein Chor und ein Schauspieler auf - eine Vorform der **Tragödie.** Für eine Revolution sorgte dann **Aischylos** (525–456), der einen zweiten Schauspieler - und damit den Dialog - einführte und den Chor in den Hintergrund rückte. Zu seiner Zeit (um 530) wurden die ersten Tragödien wie die „Perser", „Prometheus" oder die „Orestie" im Dionysos-Theater aufgeführt, meist im Rahmen von Tetralogien - drei Tragödien

011at-mb

und einem Satyrspiel. Letzteres war um 500 mit Pratinas aufgekommen. Hinzu kamen bühnentechnische Neuerungen: **Sophokles** (497–406) führte einen dritten Schauspieler ein, erweiterte den Chor und setzte erstmals ein Bühnenbild ein. Der dritte große Tragiker jener Tage war **Euripides** (485–407, u. a. „Medea", „Iphigenie").

In der zweiten Hälfte des 5. Jh. v. Chr. kam die **Komödie** als neues Genre dazu und üblicherweise wurden fortan drei Tetralogien und fünf Komödien im Wechsel aufgeführt. Die „Alte Komödie" hat man **Aristophanes** zu verdanken, der in der zweiten Hälfte des 5. Jh. v. Chr. politische Inhalte satirisch zur Schau stellte. Die Entwicklung über die Mittlere Komödie (ca. 400–320, **Antiphanes**) führt zur Neuen Komödie des **Menander** (Ende des 4. Jh.), eine Art bürgerliches Lustspiel.

Die Aufführungen wurden in Form von **Wettbewerben** veranstaltet, ausgerichtet durch finanzkräftige Bürger als „Choregen". Eine Jury wählte den besten Beitrag an und kürte einen der Choregen zum Gewinner. Als Preis erhielt dieser einen **Dreifuß**, den er öffentlich aufstellte. Diese Bronzekessel standen vor allem an der Tripoden-(„Dreifuß"-)Straße, die sich von der Altstadt zum Theater hinzog, und auf öffentlichen Plätzen. Manchmal wurden aber auch aufwendigere Monumente gestiftet, z. B. das Lysikrates-Denkmal **㉔** in der Pláka.

◁ Das antike Dionysos-Theater **❼** gilt als Prototyp eines griechischen Theaters

❿ Akropolis-Museum ★★★   [H8]

Μουσείο Ακρόπολης

2009 eröffnete das neue Akropolis-Museum nach Plänen der Architekten Bernhard Tschumi (Schweiz) und Michális Photiádis (Athen). Entstanden ist ein schlichter, flacher Bau, der sich deutlich von der Umgebung absetzt und einen würdigen und großzügig bemessenen Rahmen für die Schätze der Akropolis bildet.

Durch Glasplatten hindurch sind schon bei der Annäherung die konservierten Grabungsfunde im Untergrund zu sehen. Darüber erheben sich die Betonbasis mit dem Zugangsbereich, dann ein Glas- und Stahlkubus, in dem jene Funde zu sehen sind, die sich im alten Akropolis-Museum auf engstem Raum drängten. 14.000 m² stehen hier zur Verfügung, fast zehnmal so viel Fläche wie zuvor!

Vom Inneren des Museums eröffnen sich immer wieder **faszinierende Ausblicke** auf die Akropolis. Über dem Hauptgeschoss thront ein aus der Achse gedrehter, dem Parthenon **❹** zugewandter schwarzer Glaskubus. Dieser ist dem Parthenon und seinem Bildschmuck gewidmet. Wo bisher vor allem Abgüsse eine gute Vorstellung von Dimensionen und Handwerkskunst geben, sollen einmal die berühmten „**Elgin Marbles**" (s. S. 29) stehen. Neben dem neuen Museum befindet sich das Zentrum für Akropolis-Studien im ehemaligen Militärkrankenhaus Makrigiánni, 1834–1836 erbaut.

Hat man die Sicherheitskontrolle absolviert, führt ein breiter Treppenaufgang in die Ausstellungsräume. Gesäumt von Funden des Akropolis-Abhangs soll der Weg den Aufstieg

auf den Burgberg simulieren. Im 1. OG steht man zunächst vor den **Giebelfragmenten**, die den verschiedenen Bauphasen des Alten Athena-Tempels ➏ (um 550 v. Chr.) zugeordnet werden können. Es folgen rechter Hand die **Funde der Archaik**, Koren wie die **Lyoner Kore** (Inv. 269, nur Unterkörper, um 540 v. Chr.), die **Antenorkore** (Inv. 681, ca. 525/20 v. Chr., mit Inschrift) oder die **Euthydikoskore** (Inv. 686, um 500/490 v. Chr.) sowie **Kouroi** wie der Kalbträger oder „**Moschophóros**" (um 570/60 v. Chr.) und der berühmte **Kritiosknabe**, der dem gleichnamigen Künstler zugeschrieben wird (um 480 v. Chr.).

Im 3. OG ist die **Parthenon-Sammlung** zu sehen, darunter Reste des Parthenon-Giebels, Reliefplatten und Fragmente vom Festzug auf dem Parthenon-Fries und Metopen der Südseite. Anschließend belohnt man sich mit einer Pause im 2. OG, wo sich ein **Shop** (v. a. Bücher), ein **Café** und die **Terrasse** (mit Ausblick!) befinden. Zurück im 1. OG sind links Funde von Propyläen ➋, Nike-Tempel ➌ und Erechtheion ➎, darunter vier der sechs berühmten **Erechtheion-Koren**, ausgestellt, von dort geht es zurück ins EG mit einem großen Shop vor dem Ausgang.

❯ O. Dionysíou Areopagítou 15, Metro-Linie 2 „Akrópoli", www.theacropolismuseum.gr/en, Mo. 8–16, Di.–Do. und Sa./So. 8–20, Fr. 8–22 Uhr, letzter Einlass 30 Min. vor Schließung, Nov.–März Mo.–Do. 9–17, Fr. 9–22, Sa./So. 9–20 Uhr, 5 €

⓫ Archäologische Promenade ★★ [H8]

Αρχαιολογικός Περίπατος

Von einer archäologischen Promenade hatten schon König Otto I. und seine bayerischen Berater im 19. Jh. geträumt. Vor den Olympischen Spielen 2004 wurde der Traum realisiert und heute trennt eine Fußgängerzone um den Burgberg das antike vom modernen Athen. Man kann in großen Teilen dem sog. Perípatos folgen, dem anti-

⌂ *Der Bildschmuck des Athener Parthenons ➍, teils Originale, teils Abgüsse, im Akropolis-Museum*

Warten auf die „Elgin Marbles"

Als Glückspilz kann man Thomas Bruce, Seventh Earl of Elgin, nicht gerade bezeichnen. 1798 stand der damals 29-jährige Lord Elgin wieder einmal vor dem Abgrund: Eine vielversprechende Militärkarriere hatte abrupt geendet, die Gesundheit war angegriffen und eine passende Ehepartnerin blieb aus. Doch dann schien sich das Blatt zu wenden: Elgin wurde zum Botschafter Großbritanniens an der Hohen Pforte in Istanbul berufen und heiratete Mary Nisbet of Earlton. Trotz angeschlagener Gesundheit ließ sich der Lord nicht davon abhalten, im August 1800 nach Athen zu reisen.

In einer Zeit, in der die antike griechische Kunst und Architektur als höchster Ausdruck der Zivilisation gerade erst entdeckt wurden, plante Elgin in Begleitung einiger Künstler und seiner Frau die antiken Monumente und Bauten zu studieren, zu zeichnen und abzuformen. 1801 erhielt Elgin die Erlaubnis vom osmanischen Hof, Abgüsse und Zeichnungen anzufertigen, und das tat er in den nächsten zwei Jahren auch. Allerdings ging man im Laufe der Zeit immer mehr auch dazu über, Originale einzupacken und so schnell wie möglich aus Athen wegzuschaffen.

Als Lord Elgin 1806 nach Hause zurückkehrte, holte ihn die Realität erneut ein: Seine Frau hatte ihn verlassen, Kisten voller Kunstwerke lagen noch im Hafen von Piräus und der Rest stapelte sich in seinem schottischen Landhaus. Keiner in England hatte damals Interesse an den wertvollen Stücken, denn Kunstkenner hatten die Gegenstände als minderwertig und als „römisch" eingestuft. Es dauerte, bis sich Kunstinteressierte - wie der dänische Bildhauer Bertel Thorvaldsen - bei Elgin einfanden und den wahren Wert erkannten.

Der sich in chronischer Geldnot befindende Lord Elgin versuchte immer wieder, seine Schätze zu verkaufen. Nach längerem Zögern entschloss sich 1814 das British Museum in London, die Skulpturen und Friesplatten des Parthenon ❹, eine Karyatide und eine Säule vom Erechtheion ❺ - die als „Elgin Marbles" in die Geschichte eingingen - zum Spottpreis von 35.500 englischen Pfund zu kaufen. Schon zu Lebzeiten als „Kulturbarbar" kritisiert, war Elgin davon überzeugt gewesen, die Kunstwerke vor Vandalismus, Souvenirjägern und weiterem Verfall gerettet zu haben - und starb unverstanden, verbittert und hoch verschuldet im Jahr 1841.

Man muss dem Lord insofern recht geben, dass zu seiner Zeit schon vieles geraubt, zerstört und verschleppt worden war, nicht nur von Engländern, und dass zu Beginn des 19. Jh. ein reger Handel mit antiker griechischer Kunst herrschte. Während des griechischen Freiheitskampfs verschwanden Kunstwerke, legal oder illegal, ins Ausland - damals waren die antiken Denkmäler den Griechen relativ egal. So erwarb z. B. der bayerische König Ludwig I. die beiden Giebel des Athena-Tempels von Ägina - heute ein Highlight der Münchner Glyptothek. Schon seit Ende des 19. Jh. fordert die griechische Regierung die „Elgin Marbles" zurück, vor allem die populäre Schauspielerin und Politikerin Melína Merkoúri machte sich für die Rückführung der Kunstschätze stark. Vorangekommen sind die Verhandlungen bis dato kaum ...

ken Weg, der die Akropolis einst um-
rundete. Eine Inschrift aus dem 4. Jh.
v. Chr. im Fels an der Nordseite der Ak-
ropolis berichtet, dass dieser Pfad ein-
mal fünf Stadien und 18 Fuß lang ge-
wesen sein soll – umgerechnet etwa
einen Kilometer. Die „archäologische
Promenade" besteht aus mehreren
Straßen: Dionissíou Areopagítou im
Süden, Apostólou Pávlou im Westen,
Theorías im Norden, Strátonos und
Thrasíllou im Osten.

Die begrünte Fußgängerzone beginnt am Hadrianstor [I8], am vielbefahrenen Leofóros Vasilís Amalías,
und führt am Akropolis-Museum ⑩
und dem Südzugang zur Akropolis vorbei. Sie verläuft westwärts am
Südabhang zur Pnyx ⑭, dann nordwärts um die Agorá ins Viertel Thissío. Hier liegt der Zugang zum antiken Friedhofsviertel Kerameikós. Ostwärts geht es an der Agorá ⑱ vorbei
und schließlich hinein in die Pláka ⑳,
wo die O. Adrianoú eine Art Fortset-
zung darstellt.

⑫ Olympieion ★ [I8]

Ολυμπιείο

Am Beginn der Promenade, dort wo
die O. Areopagítou auf den Leof. Vas.
Amalías stößt, steht das **Hadrianstor.**
Zusammen mit dem Olympieion dahinter symbolisiert es die neue Blüte Athens unter dem römischen Kaiser Hadrian (117–138 n. Chr.). Durch
das Tor verlief eine antike Verbindungsstraße vom Zentrum Richtung
Osten, das die Grenze zwischen dem
„alten" griechischen Athen und dem
neu entstandenen römischen Villen-
viertel am Ilissós-Fluss markierte.

Der 18 m hohe und 6 m breite Bau
aus pentelischem Marmor wurde
131/132 n. Chr. vom Athener Stadtrat
zu Ehren Kaiser Hadrians in Auftrag
gegeben. Durch korinthische Pilaster
gegliedert, trägt der Bogen auf dem
Architrav zwei Inschriften: Während
die in Richtung Akropolis besagt „Dies
ist Athen, die alte Stadt des Theseus",
heißt es gegenüber: „Dies ist die Stadt
Hadrians und nicht die des Theseus".

O14at-mb

Der **Tempel des Olympischen Zeus**, die Reste des größten Tempels der griechischen Welt, stehen im Zentrum des Ausgrabungsareals. Den Tempelbezirk betritt man durch ein schmales Propylon (Tor) und gelangt auf einen gepflasterten Hof (260 x 130 m), auf dem Kaiserstatuen standen und den eine Umfassungsmauer umgab. Der riesige Tempel, von dem noch 15 der ursprünglich 104 Säulen aufrecht stehen, erhob sich über einem gewaltigen Podium und wies eine Grundfläche von rund 110 x 40 m auf.

Es handelt sich um einen sogenannten Dipteros, d. h., der Kernbau war von einer doppelten Säulenhalle umgeben, mit gut 17 m hohen Säulen im korinthischen Stil. An den Fronten waren es sogar drei Reihen von je acht Säulen, längs standen je 20. Eindrucksvoll zeigt eine 1852 eingestürzte Säule (die westlichste der 15 erhaltenen) die Mächtigkeit der Trommeln. Im Inneren der Cella standen einst ein monumentales Zeus-Kultbild und eine Hadrians-Statue.

Seit Menschengedenken hatte sich hier, auf einem Hügel über dem Ilíssos, ein **Zeus-Heiligtum** befunden, anfangs unter freiem Himmel. Mitte des 6. Jh. v. Chr. hatte Peisistratos mit dem Bau eines Tempels begonnen, der jedoch nie fertiggestellt wurde. Antiochos IV. Epiphanes (reg. 176–165 v. Chr.) ließ 175 v. Chr. auf dem alten Fundament einen Marmortempel errichten, der nach seinem überraschenden Tod 164 v. Chr. ebenfalls halbfertig liegenblieb. Erst Hadrian setzte sich selbst ein Denkmal und forcierte bis 132 n. Chr. die Fertigstellung.

❯ Leof. Vas. Ólgas, Metro-Linie 2 „Akrópoli", tgl. 8–20 Uhr, 6 € bzw. Kombiticket 30 € (s. S. 18), http://odysseus.culture.gr/h/3/eh351.jsp?obj_id=2488

⓭ **Philópappos-Monument** ★ [G9]
Μνημείο Φιλοπάππου

Nahe dem Zugang zur Akropolis ❶ im Südwesten des Burgbergs führt ein Weg auf den in der Antike wichtigen Höhenzug mit Pnyx ⓮ und zum Musen- und Nymphenhügel. Zunächst stößt man auf die kleine **Kirche Ágios Dimítrios Loumbardiáris** mit ungewöhnlichem Holzumgang und Schindeldach. Sie ist einem der „Lieblingsheiligen" der Griechen, Dimítrios, dem Heiligen Demetrios, geweiht und besonders beliebt, weil sie am Festtag des Heiligen, dem 26.10.1645, von dem türkischen Befehlshaber Yusuf Aga samt Pilgern in Schutt und Asche gelegt werden sollte. Ein Unwetter verhinderte das, denn ein Blitz schlug in die Propyläen ❷ ein und das dort deponierte Pulver explodierte.

Gegenüber der Kirche beginnt der gut ausgebaute Pfad (teilweise Treppen) zum Philópappos-Monument. Er führt vorbei an Resten von Stadtmauer und langen Mauern, die nach den Perserkriegen den Weg zwischen Athen und Piräus schützen sollten, sowie an Zisternen und Felskammern, eine davon fälschlich als „Gefängnis des Sokrates" bezeichnet. Das **Grabmonument** – 114–116 v. Chr. für Julius Antiochos Philópappos, römischen Ex-Konsul, Beamter und Enkel des letzten Seleukiden-Königs Antiochos IV. – erbaut, hat dem Hügel den Namen gegeben. In der Antike war er wegen eines Musenheiligtums als „Museion", als **Musenhügel**, bekannt. Das rund 10 m hohe, einem Triumphbogen ähnliche Denkmal

◁ *Riesengroßer Tempel mit langer Bauzeit: das Olympieion* ⓬ barg im Inneren die Grabkammer, zur Akropolis hin zeigt es eine aufwendig gestaltete Fassade mit Philóppos als Sitzstatue in der Mitte.

> O. Dimítris Pikiónis, Kirche wie Monument sind frei zugänglich; http://odysseus.culture.gr/h/2/eh251.jsp?obj_id=892

⑭ Pnyx und Aeropag ★ **[G8]**
Πνύκα και Άρειος Πάγος

Zwischen Musen- und Nymphenhügel befindet sich an der Nordostseite in etwa 110 m Höhe eine **Mulde**, die Pnyx [F8]. Nachdem Kleisthenes 507 v. Chr. das Mitspracherecht für Athener Bürger eingeführt hatte, war dies der **Treff der Volksversammlung** (Ekklesía). Der heutige Zustand geht auf einen Umbau 404/403 v. Chr. zurück. Es handelt sich um eine theaterähnliche, halbrunde Anlage ohne feste Sitze; im Südwesten stand das Rednerpodium.

Zwischen der Pnyx und der Akropolis erhebt sich unübersehbar ein 115 m hoher **Felsbrocken,** der gern als Aussichtspunkt genutzt wird: der **Areopag,** benannt nach dem obersten Rat der antiken Stadt, der hier tagte. Den nordwestlichen Ausläufer des Höhenzuges der Pnyx bildet der **Nymphenhügel.** Die Nymphen – göttliche Geburtshelfer – wurden vor allem von Frauen verehrt.

KLEINE PAUSE

Kaffeepause
Die O. Dionysíou Areopagítou verbreitert sich am Fuß der bzw. dem Zugang zur Akropolis ❶ zu einem kleinen Platz und führt weiter als O. Apostólou Pávlou Richtung Thissío und Agorá. Hier laden Cafés wie das Athenaion Politeia (s. S. 73) zur Kaffeepause ein.

Das **Nationale Observatorium Athen** (N.O.A.), bestehend aus drei Gebäuden, krönt den Hügel. Finanziert von Georg Simon von Sina – österreichischer Bankier und Unternehmer (1783–1856) – wurde es nach Plänen von Theophil von Hansen 1843–1846 erbaut und 1905 erweitert. Im umgebenden **Park** steht eine Installation des argentinischen Künstlers Adrián Villar Rojas, das **Theater of Disappearance** aus über 40.000 Pflanzen, in dem immer wieder Ausstellungen stattfinden. Hauptanlaufpunkt ist das sog. Sina-Haus mit Visitor Center und **Astrogeophysics Museum** mit einer Sammlung von Uhren, Teleskopen und anderen Instrumenten aus dem 19. Jh. sowie der historischen Bibliothek des Observatoriums. In einem weiteren historischen Gebäude von Ernst Ziller ist ein Teleskop von 1896 aufgestellt, südlich davon das „Old Observatory" – eine Sternwarte in einem kleinen Rundbau.

> Pnyx, http://odysseus.culture.gr/h/3/eh352.jsp?obj_id=2580
> Nationales Observatorium, Lófos Nymphón, www.noa.gr/index.php?lang=en, Mo.–Fr. 9–14 Uhr, 5 €, mit Visitor Center, weitere Filialen

⑮ Kerameikós ★★ **[F6]**
Κεραμεικός

Beim Kerameikós handelt es sich um den bedeutendsten antiken Friedhof der Stadt und um ein fundreiches Töpferviertel. Reste von zwei antiken Stadttoren sind zu sehen und nicht zuletzt stellt das Areal eine grüne Oase mit üppiger Flora und Fauna mitten in der Stadt dar.

Der Name leitet sich von den antiken **Töpfern** (kerameís) ab, die wegen der Brandgefahr über viele Jahrhunderte außerhalb der Stadtmauern ihre Werkstätten betrieben. In römischer Zeit befand sich hier ein **Viertel der Kunsthandwerker und Künstler.** Ebenfalls vor den Mauern der Stadt, an den Ausfallstraßen, wurden in der Antike aufgrund der Seuchengefahr auch die Toten bestattet und es entstanden ganze Gräberstädte (Nekropolen), wie der Kerameikós, der aus **mehreren Grabbezirken** besteht, die sich je nach Alter und Ausstattung unterscheiden. Die Gräber reihten sich entlang der Heiligen Straße sowie der Kerameikós-Straße auf, die durch die Stadttore Athens, das Heilige Tor und das Dipylon (Doppeltor), aus der Stadt hinausführten.

Der **Fluss Eridanos** quert das Gelände. Er ist heute nurmehr ein Rinnsal und wird von einer großen Schildkrötenpopulation geliebt. Er entspringt an den Hängen des Lykabettós ❹ und durchfließt unterirdisch das Athener Zentrum, ehe er durch das Heilige Tor, parallel zur Heiligen Straße, oberirdisch das Stadtgebiet verlässt.

Die ersten wissenschaftlichen **Ausgrabungen** wurden 1863 von der Griechischen Archäologischen Gesellschaft in Angriff genommen, 1913 übernahm die Athener Abteilung des Deutschen Archäologischen Instituts (DAI) die Regie, seither forschen auf dem 38.500 m² großen Gelände deutsche Archäologen.

Seit Ende des 3. Jahrtausends v. Chr. sind einzelne Gräber am Eridanos-Südufer nachweisbar, im 12. Jh. v. Chr. entstand dann auch am flachen Nordufer eine Nekropole. Ab dem 10. Jh. v. Chr. fanden verstärkt **Bestattungen** am Südufer statt, zwischen Heiliger und sog. Gräber-Straße. In der archaischen Zeit (7./6. Jh. v. Chr.) wurden 6–10 m breite Erdhü-

gel üblich, daneben gab es auch gemauerte Rechteckanlagen mit Flachdach. Auf die Gräber wurden nun statt der vormals üblichen Grabvasen Stelen (Reliefsteine) oder Statuen gestellt.

Einschnitte brachte das 5. Jh. v. Chr.: 479 wurden die Stadtmauer neu gebaut und die beiden Stadttore angelegt, zudem erließ die Volksversammlung auf Initiative des Kleisthenes ein **Gräberluxusgesetz**, um die Prunksucht zu unterbinden. Bereits in der Spätklassik (Ende 5./4. Jh. v. Chr.) war jedoch wieder prächtiger Grabschmuck – Statuen, Stelen, Steingefäße oder Löwenfiguren – verbreitet. Um 317/316 v. Chr. folgte daher ein zweites Gräberluxusgesetz, in dessen Folge meist nur noch einfache Steinsäulen aufgestellt wurden. Große Schäden richtete 86 v. Chr. der Einfall römischer Truppen unter Sulla an, im Laufe der Spätantike gerieten der Friedhof und das Handwerkerviertel dann mehr und mehr in Vergessenheit.

▵ *Grabmäler entlang der Heiligen Straße im Kerameikós* ⓯

⑯ Kerameikós-Museum ★★   **[E6]**

Αρχαιολογικό Μουσείο Κεραμεικού

Anhand ausgewählter Beispiele werden in dem nicht allzu großen Museum rings um einen Innenhof das Aufkommen und die Veränderung von Grabsitten sowie die stilistische Entwicklung von **Grabschmuck** (Tongefäße und vor allem Stelen) und **Grabbeigaben** (alltägliche Dinge wie Astragale, also Spielsteine, Lampen, Parfümfläschchen, Schmuck usw.) von submykenischer Zeit (11. Jh. v. Chr.) bis zum Ausgang der Antike beleuchtet.

Sehenswerte **Reste von Grabmonumenten** sind zwei Reliefbasen mit Reitern bzw. Ballspielern (Mitte 6. Jh. v. Chr.), das Bruchstück der Stele eines Boxers (560/550 v. Chr.), eine Marmorsphinx (550/540 v. Chr.), die Grabstele der Ampharete mit ihrem Enkelkind (430/420 v. Chr.), jene des Eupheros (um 420 v. Chr.), des Dexileos (394/393 v. Chr.) oder der Eukoline (380/370 v. Chr.). Anhand der genannten Grabstelen lässt sich zugleich die stilistische Entwicklung von Relieftechnik und Motivik gut aufzeigen.

Das **Highlight** der Sammlung ist ein **kolossaler Stier**, der einst über dem Grab des Dionysios von Kollytos (345–338 v. Chr.) stand. Mindestens genauso sehenswert ist die **Keramik**, vor allem die exzellent erhaltenen geometrischen Amphoren, auf denen erstmals Figuren auftauchen.

❯ O. Ermoú 148, Metro-Linie 1 „Thissío", http://odysseus.culture.gr/h/3/eh351. jsp?obj_id=2392, tgl. 8–19 Uhr, 8 € bzw. Kombiticket (s. S. 18) 30 €

▷ Die Attalos-Stoá (s. S. 38) ist der markanteste Bau auf dem Agorá-Areal ⑱ und fungiert zugleich als Museum

⑰ Gázi ★   **[E6]**

Γκάζι

Um das alte Gaswerk am Ende der Fußgängerzone nahe dem Keramei-kós ⑮ breitet sich ein pulsierendes Stadtviertel namens „Gázi" oder „Gazochóri" aus. Im Zentrum steht die **Technopolis City of Athens**, ein Veranstaltungs- und Kulturzentrum. Das **Industrial Gas Museum** (s. S. 68) gibt mit verschiedenen Stopps auf dem Firmenareal einen Überblick über Geschichte und Funktion des alten Gaswerks.

1857 hatte die Athener Gasanstalt mit dem Komplex begonnen, er ging 1862 in Betrieb. Als 1984 eine neue Anlage in einem Vorort eröffnete, wurde Gázi 1986 unter Denkmalschutz gestellt und zum **Veranstaltungsort** umgebaut. Die alten Gebäude inklusive eines Großteils der Ausstattung blieben erhalten, acht davon gehören heute entweder zum Museum oder dienen als Veranstaltungsorte.

Um das alte Gaswerk, besonders entlang der O. Persefónis und O. Voutádon reihen sich **Cafés**, **Bars und Nachtklubs** auf. Besonders der Platz um die Metro-Station „Kerameikós" hat sich zum neuen Treff entwickelt und das Viertel bietet hinreichend Gelegenheit zur Stärkung, z. B. bei Butcher & Sardelles (O. Persefónis 19, Restaurant mit Fisch und Fleisch), ab 6 Uhr morgens in der Cantina Spook (O. Pireós 2–4), gemütlich am Abend im The Lazy Bulldog Pub (O. Persefónis 13), zum Kaffee oder Cocktail in Gazi View (O. Iákchou 22/Persefónis) oder bei Mastiha (Cocktailbar & Restaurant, O. Voutádon 48).

❯ O. Pireós 100, Metro-Linie 3 „Keramei-kós", www.technopolis-athens.com/web/guest/home, mit Café Technopolis und Gas Museum Shop

⑱ Agorá ★★★　　　　　[G7]

Αγορά

„Feigen, Gerichtsvollzieher, Trauben, Äpfel, Zeugenaussagen, Rosen, Honig, Prozesse, Myrte, Verlosungsgeräte, Ringe, Wasseruhren, Gesetze und Beschuldigungen" – all das konnte man, glaubt man dem Komödiendichter Eubulos (4. Jh. v. Chr.), auf der Agorá bekommen. Sie war Handelsplatz und Sitz von Verwaltungseinrichtungen, hier fanden große Bürgerversammlungen, Wahlen für öffentliche Ämter und Gerichtsverhandlungen statt. Berühmtestes Beispiel ist der Prozess gegen Sokrates.

Doch es war mehr geboten: Götter und Helden wurden in Heiligtümern verehrt, man fand **sechs Tempel und zahlreiche Altäre.** Zudem entdeckte man über 200 Gräber, datierend vom 15. bis zum 6. Jh. v. Chr. Vor dem Bau des Dionysos-Theaters ❼ fanden hier Schauspielvorführungen statt und, ehe das Stadion stand, Sportwettbewerbe und Pferderennen, außerdem große Feste wie die „Theseia" zu Ehren des mythischen Helden Theseus. Auch der Panathenäen-Umzug zu Ehren der Göttin Athene passierte die Agorá.

Die **einstige Bedeutung der Agorá** kann man sich heutzutage angesichts des etwas verwirrenden, wild überwachsenen Ruinenfelds kaum mehr vorstellen. Mit Ausnahme des Hephaisteions – des besterhaltenen griechischen Tempels aus dem 5. Jh. v. Chr. – und der wiedererrichteten Attalos-Stoá handelt es sich in erster Linie um Fundamentreste. Auf dem Gelände wurde quasi ständig gebaut und renoviert, sein Aussehen verän-

016at-mb

Legende Agorá

★1	Stoá Poikile		★14	Mittelstoá
★2	Panathenäen-Straße		★15	Heliaia
★3	Ares-Tempel		★16	Tholos
★4	Odeion des Agrippa/ Gymnasium		★17	Bouleuterion
★5	Attalos-Stoá (Agorá-Museum)		★18	Metroon
			★19	Denkmal der Eponymen Heroen
★6	Bibliothek des Pantainos		★20	Hephaisteion (Theseion)
★7	Verbindungsstraße zur Römischen Agorá		★21	Tempel des Apollon Patroos
★8	Spätantike Befestigungsmauer		★22	Schrein des Zeus Phratrios und der Athena Phratria
★9	Südost-Tempels		★23	Stoá des Zeus Eleutherios
★10	Nymphäum		★24	Stoá Basileios
★11	Kirche Ágii Apóstoloi		★25	Zwölf-Götter-Altar
★12	Südstoá I			
★13	Südstoá II			

derte sich laufend und es kam mehrfach zu Zerstörungen. Ende des 6. Jh. n. Chr. wurde das Areal allmählich verlassen, bis in türkischer Zeit wieder eine Siedlung entstand.

Funde von Brunnen und Gräbern aus dem 11.–7. Jh. v. Chr. legen nahe, dass der Bezirk nördlich der Akropolis seit dieser Zeit bewohnt war. Ursprünglich lag die Agorá wohl weiter im Westen und verlagerte sich erst im 6. Jh. v. Chr. an die heutige Stelle. Es soll Solon gewesen sein, der den Anstoß dazu gegeben hat und die Umgestaltung vom Wohn- und Begräbnisort zum öffentlichen Platz einleitete.

Als im zweiten Viertel des 6. Jh. v. Chr. Peisistratos an die Macht kam, begann der planmäßige Ausbau und der 12-Götter-Altar, Südost-Brunnenhaus, Gebäude F oder Panathenäen-Straße entstanden. Nach den Kleisthenischen Verfassungsreformen 508/507 v. Chr. baute man verstärkt für die neuen Regierungsinstanzen, z. B. das sog. Alte Bouleutérion, die Stoá Basileios, die Heliaia, aber auch kleinere Heiligtümer an der Westseite. Erst Mitte des 5. Jh. v. Chr. verlagerten sich die Aktivitäten auf die Akropolis und während des Peloponnesischen Kriegs kamen die Bauarbeiten fast ganz zum Erliegen. Im letzten Drittel des 5. Jh. v. Chr. rückten dann die Baumaschinen wieder an, um das Hephaisteion zu errichten.

Im Zeitalter des Hellenismus kam es zur **Einfassung des Areals durch Hallenbauten** wie der Süd- und Mittel-Stoá und im 2. Jh. v. Chr. wurde die geplante **rechteckige Platzanlage** mit der Attalos-Stoá realisiert. Ab Mitte des 1. Jh. v. Chr. gewannen römische Mäzene als Bauherren an Bedeutung. Es entstand ein neuer **Marktplatz** im Osten des alten Are-

als, die sog. Römische Agorá **㉒**, dafür konnte jetzt der zentrale Platz der „alten" Agorá bebaut werden: mit dem Odeion des Agrippa und einem Ares-Tempel, mit Bibliothek, Basilika und Nymphaion.

Der **Zugang zur Agorá** folgt dem Verlauf der alten Prachtstraße, der Panathenäen-Straße. Der Name leitet sich von dem großen Festumzug (auf dem Parthenon-Fries dargestellt) ab, der vom Dipylon, dem Stadttor auf dem Kerameikós **⑮**, zur Akropolis zog und dabei die Agorá querte.

Mitten auf dem Areal fallen dank des monumentalen Statuenschmucks die Reste des **Odeion des Agrippa** ins Auge. Um 15 v. Chr. wurde die Konzerthalle für etwa 1000 Besucher von M. Vipsanius Agrippa gestiftet, einem Freund und Vertrauten von Kaiser Augustus. Bei Reparaturen im 2. Jh. n. Chr. wurden die Nordfassade umgestaltet und die Portikus zur „Stoá der Giganten" mit beeindruckenden Giganten- und Tritonen-Figuren als Stützen – dem männlichen Pendant zu den Karyatiden des Erechtheions **❺** – umgestaltet.

Im südlichen Teil der Agorá entstand im späten 5. Jh. v. Chr. eine aufwendig gestaltete zweischiffige Halle, die **Südstoá**, südlicher Abschluss einer Platzanlage mit Ostbau und Mittelstoá, die im rechten Winkel zur Attalos-Stoá stand und sogar länger war als diese. An der Südwestecke dieses Hofes stand die **Heliaia**, der Gerichtshof, Sitz des ältesten und wichtigsten Zivilgerichts von Athen, das mit per Los bestimmten Bürgern besetzt war.

Nördlich davon fällt ein Rundbau auf, die **Thólos**, Teil eines Komplexes, zu dem das Bouleutérion (Rathaus) und das Metroon (Staatsarchiv) gehörten. Hier schlug das **politische**

Herz der Stadt. Die Versammlungen der 500 Abgesandten fanden im **Bouleutérion** statt (um 500 v. Chr. erbaut), nachdem Kleisthenes den Rat der 500 eingeführt hatte.

Eine breite Treppe führt im Südwesten der Thólos hinauf auf den **Hügel Kolonós Agoraíos** zum **Hephaisteion**, ein dem Hephaistos und der Athena geweihter Tempel, der nach dem Bildschmuck entweder „Theseion" („Thissío(n)") oder „Hephaisteion" genannt wird. Der Tempel gilt zusammen mit dem Parthenon ❹ als **besterhaltener Tempel Griechenlands.** Er wurde um 449 v. Chr. begonnen und um 430/420 v. Chr. vollendet. Der Tempelbezirk wurde im 3. Jh. v. Chr. ummauert und blieb bis ins 7. Jh. n. Chr., als er zu einer Kirche umgestaltet wurde, so gut wie unbeschädigt. Der Bautypus entspricht dem eines dorischen Peripteros mit 6 x 13 Säulen und zwei Säulen „in antis", an beiden Schmalseiten.

In der Nordwestecke der Agorá sind **Reste der sog. Zeus-Stoá** erkennbar, die um 430 v. Chr. von Mnesikles, dem Architekten der Propyläen ❷, erbaut wurde. Berühmt wurde die Stoá als Versammlungsort des Sokrates und seiner Schüler. Vor der Stoá stand der Altar für die zwölf Olympischen Götter und hier befand sich auch der zentrale Meilenstein der Stadt.

Attalos-Stoá und Agorá-Museum
Στοά του Αττάλου /
Μουσείο Αρχαίας Αγοράς

Bauforscher räumen der Attalos-Stoá eine **wegweisende Rolle in der Entwicklung der hellenistischen Architektur** ein. Finanziert wurde sie von Attalos II., von 158 bis 138 v. Chr. Herrscher des kleinasiatischen Königreichs von Pergamon. Er hatte in Athen studiert und dabei den geistigen Mittelpunkt der griechischen Welt schätzen gelernt.

Der Bau schloss die Agorá nach Osten hin ab und fungierte zugleich als **Einkaufszentrum** mit jeweils 21 Läden auf zwei Etagen und vorgelagerter Wandelhalle, die als Treffpunkt, Zuschauertribüne und Aufstellungsort zahlreicher Monumente diente. 267 n. Chr. wurde der Bau beim Heruler-Einfall zerstört, Teile wurden später in die spätantike Stadtmauer einbezogen. Erst zwischen 1953 und 1956 rekonstruierte man die Stoá nach archäologischen und architektonischen Forschungsergebnissen und Fundmaterial mit Geld von John D. Rockefeller Jr., und machte sie als Museum zugänglich.

Zur Agorá hin öffnet sich die **Portikus** (Säulenhalle) mit dorischen Säulen unten und ionischen oben, im Inneren gliedert ihn eine ionische (unten) bzw. äolische Säulenstellung (oben) in zwei Schiffe. Verwendet wurden verschiedene Stein- und Marmorsorten, die ursprünglich bunt bemalt waren.

Den hinteren Teil mit den einstigen Läden nehmen heute **Museum und Archiv** (OG) ein. Hier werden die Funde von der Agorá vom 4. Jtsd. v. Chr. bis zum 11. Jh. n. Chr. aufbewahrt: Tonfiguren und -lampen und Keramik, Bronze-, Bein- und Glasobjekte, Skulpturen, Münzen und Inschriften, byzantinische und türkische Keramik. In der offenen Säulenhalle sind vor allem Skulpturen aufgestellt. Im OG (mit Rundblick) erläutern Modelle die bauliche Entwicklung der Agorá.

❯ O. Adrianoú 24, zweiter Zugang nahe Akropolis/Aeropag über O. Theorías, Metro-Linie 1 „Thissío", www.agathe.gr/index.html, tgl. 8–19 Uhr, 8 € bzw. Kombiticket für 30 € enthalten (s. S. 18)

Altstadt

In Athens Altstadt dominiert der Beton, stehen verfallene Ruinen neben liebevoll renovierten Häuschen und gibt es Gassen, die an ein Kykladen-Dorf erinnern. Ruhe und Beschaulichkeit hier, pulsierende Geschäftigkeit dort, malerisches Idyll und orientalische Basarstimmung ... Athens Altstadt ist voller Kontraste und Leben.

Die Athener Altstadt besteht aus **drei Teilen:** dem **Viertel um die Platía Monastirákíou** ❿, einst Kern der osmanisch-türkischen Stadt, der **Pláka** ❿, die sich südlich davon, zur Akropolis hin, ausbreitet, und **Psirrí** ❿, dem ehemaligen Handwerkerviertel zwischen Monastiráki und dem Zentralmarkt an der Odós Athinás. Es ist dem bayerischen König Ludwig I. und seinem Architekten Leo von Klenze zu verdanken, dass die Altstadt heute überhaupt noch existiert. Nach der Unabhängigkeit und der Ernennung Athens zur griechischen Hauptstadt 1834 wurde erwogen, sie dem Erdboden gleichzumachen.

❿ Monastiráki – das türkische Athen ★★★ [G7]

Μοναστηράκι

An der Platía Monastirakíou, der geschäftigen Kreuzung zweier Hauptachsen der Altstadt – Odós Athinás und Ermoú –, pulsiert seit Jahrhunderten das Leben: Der Platz ist Tor zur Pláka ❿*, Treff und wichtiger Bahnhof. Das Viertel ringsum war in türkischer Zeit das wirtschaftliche und politische Zentrum Athens.*

Südlich der Hadrians-Bibliothek ❿ befand sich auf dem Areal der ehemaligen Römischen Agorá ❿ der „Untere Basar" und nördlich, an

der O. Pandróssou, der „Obere Basar", der beim großen Brand von 1885 zerstört wurde. Den Namen erhielten Viertel und Platz erst nach 1885: „Monastiráki", das **„Klösterchen"**, nach dem hier am Platz stehenden Kloster. 1890 war ein Bahnhof als Endstadion der „Elektrikí", der heutigen Metro-Linie 1 nach Piräus, entstanden. In den 1920er-Jahren machten Flüchtlinge aus Kleinasien das Viertel zu ihrem „Openair-Gebrauchtwarenmarkt" und bewahrten damit den seit türkischer Zeit bestehenden **Basarcharakter.**

Der alte **Trödelmarkt** lebt fort und die Gassen, die von der Platía Monastirákiou Richtung Westen und Süden abzweigen, führen mitten hinein ins Flohmarktviertel, das an sechs Tagen in der Woche vor allem aus kleinen Geschäften – besonders an O. Pandróssou und Iféstou, Normanoú und Níssou – besteht, die Antiquitäten und Ramsch, Haushaltswaren und Elektroartikel, Souvenirs und Kitsch anbieten. Seit 1910 findet um die zentrale Platía Avissinías außerdem sonntags ein Trödelmarkt mit Privatanbietern statt.

⌂ *Die Tzisdaráki-Moschee an der Platía Monastirakíou mit der Akropolis* ❶ *im Hintergrund*

An der Südostecke des Platzes, neben dem Bahnhof, steht die 1759 erbaute, renovierte **Tzisdaráki-Moschee** – eine von zwei erhaltenen Moscheen in Athen. Nach der Vertreibung der türkischen Machthaber diente sie verschiedensten Zwecken: als Gefängnis, Lager und Proberaum der Militärkapelle. 1918 zog das **Museum für Volkskunst** ein (derzeit geschlossen). Gegenüber der Moschee steht **Panagía Pantánassa**. Die Kirche der „alleinherrschenden Muttergottes" war ursprünglich Teil eines Frauenklosters aus dem 10. Jh. Die heutige dreischiffige Säulenbasilika stammt aus dem 17. Jh.

★1 [H7] **Tzisdaráki-Moschee,**
   Pl. Monastirakíou
★2 [H7] **Panagía Pantánassa,**
   O. Mitropóleos 88

⓴ **Pláka –**
das alte Athen ★★★ [I7]

Πλάκα

Die Pláka – nach der Akropolis Athens zweite Hauptattraktion – schmiegt sich an den Nordabhang des Burgbergs und gilt seit der Antike als Hauptsiedlungszentrum. Während der osmanischen Herrschaft und im 19. Jh. wurde sie von der Oberschicht entdeckt, aus dieser Zeit stammen zahlreiche herrschaftliche Wohnhäuser.

Nachdem Athen 1834 Hauptstadt geworden war, hätte die ganze Altstadt abgerissen und durch eine archäologische Zone ersetzt werden sollen, doch Bayerns König und die Bewohner wussten dies zu verhindern. Der einzige Teil, der den Plänen zum Opfer fiel, umfasste rund 350 Häuser im alten Viertel Vlassárou, dort, wo man die Agorá ⓲ freilegte und das Agorá-Museum einrichtete.

Die Pláka, seit jeher das **touristische Zentrum der Stadt,** hat sich in den letzten Jahren zum Positiven verändert, auch was das Warenangebot angeht, ist aber dennoch eine **Mischung aus beschaulichem Dorf und lebendiger Bummelmeile** geblieben. Die Odós Adrianoú durchzieht als Hauptachse sowohl Monastiráki als auch die Pláka und präsentiert sich großteils als attraktive Fußgängerzone mit Läden, Restaurants und Cafés. Sie stößt im Süden auf die zweite wichtige Fußgängerzone der Pláka, die O. Kidathinéon.

Hinter einem der äußerlich eher unscheinbaren Bauten an der Adrianoú verbirgt sich die **Benizélou Mansion** (s. S. 67) aus dem 16. Jh., das einzig erhaltene Haus aus osmanischer Zeit. Zur Familie gehörte eine Nonne, die als „Philothea von Athen" bekannt war. Deshalb nennen die Athener das Gebäude, in dem es interessante Einblicke in die Zeit während der Türkenherrschaft gibt, auch „Haus der hl. Philothea".

⓴ **Hadrians-Bibliothek** ★ [H7]

Βιβλιοθήκη του Αδριανού

Die **antike Bibliothek** wurde zwischen 125 und 132 n. Chr., wie viele andere Bauten in der Stadt, auf Initiative des römischen Kaisers Hadrian erbaut. 267 n. Chr. beim Heruler-Einfall stark beschädigt, bezog man sie später in die spätantike Befestigung ein. Wie prachtvoll und groß der Bau einmal war, beschreibt der antike Reiseschriftsteller Pausanias (I 18,9): vierflügelig erstreckte er sich über ein 122 x 82 m großes Areal und umschloss einen großen Hof.

Erhalten sind heute an der O. Áreos Teile der **Außenwand** und des **Propylon,** das Tor, durch das man in einen rechteckigen Säulenhof gelangte. Auf der gegenüberliegenden Seite befand sich der Bibliothekstrakt mit Nischen für Buchrollen an der Rückwand. Zum Komplex gehörten außerdem Lesesäle, Auditorien, Aufenthaltsräume und Wandelhallen.

Im Lauf der Zeit wurde die zentrale Vortragshalle mit ihren vier Apsiden (Wandnischen) erst in eine frühchristliche Kirche und dann in eine dreischiffige Basilika verwandelt, aus der um 1100 die **Kirche Megáli Panagía** wurde. Während der türkischen Besatzung befand sich in der Bibliothek der Sitz des osmanischen Statthalters, 1835 eine Kaserne für die bayerischen Truppen König Ottos.

❯ O. Áreos 3, Metro-Linie 1 oder 3 „Monastiráki", tgl. 8–15 Uhr, 4 € bzw. Kombiticket 30 € (s. S. 18)

㉒ Römische Agorá ★ [H7]
Ρωμαϊκή Αγορά

Die Römische Agorá wurde in augusteischer Zeit, also in der zweiten Hälfte des 1. Jh. v. Chr., östlich der Griechischen Agorá ⑱ erbaut und durch eine antike Verbindungsstraße, die O. Pikílis, mit dieser verbunden. Korrekterweise spricht man von einem „Forum", denn der **von Säulenhallen umgebene Hof** ist die römische Weiterentwicklung einer griechischen Agorá: nicht allmählich gewachsen wie diese, sondern in einem Guss geplant.

In Athen verlagerte sich das wirtschaftliche Zentrum ab dem späten 1. Jh. v. Chr. auf dieses Forum, während die alte Agorá politisch und religiös bedeutsam blieb. Nach dem Heruler-Angriff 267 n. Chr. (s. S. 100) wurde sie zum **administrativen Zentrum**, da die Griechische Agorá nun außerhalb der neuen Festungsmauern lag.

Durch das teilweise wiederaufgerichtete **Tor der Athena Archege-**

Museum für griechische Volkskunst

Das **Museum für griechische Volkskunst** besetzt verschiedene Bauten in der Pláka. 1918 wurde es als Museum für griechisches Kunstgewerbe gegründet und umfasst eine vielseitige Sammlung von Volkskunst aus dem 18. und 19. Jh. Derzeit sind der **ehemalige Hauptbau** (O. Kydathinon 17) und die Tzisdaráki-Moschee (Pl. Monastirakíou) wegen Renovierungen geschlossen.

Zu besichtigen ist das einzige erhaltene **Hamam** (türkisches Bad), das in der späten osmanischen Phase (16. Jh.) errichtet wurde. Das „**Bath House of the Winds**" – benannt nach der Lage neben dem Turm der Winde – wurde bis 1965 benutzt und erst vor Kurzem zugänglich gemacht. Nur Schritte entfernt, neben der ehemaligen Medrese, liegt das **Museum für griechische Volksinstrumente,** das Instrumente vom 18. bis 20. Jh. zeigt, ergänzt durch Dokumente, Fotos und Hörbeispiele. Im Bau finden (meist Sa.) Konzerte statt und im Laden kann man Instrumente, CDs und Bücher erstehen. Schließlich befindet sich in einem historischen Bau mitten in der Pláka das Museum für **Handwerker und Handwerkszeug.**

❯ Infos: www.melt.gr/en, http://odysseus.culture.gr/h/1/eh151.jsp?obj_id=3319

🏛3 [H7] **Bath House of the Winds**, O. Kirrístou, Mi.–So. 8–15 Uhr, 2 €

🏛4 [H7] **Museum für griechische Volksinstrumente**, O. Diogénous 1, Di.–So. 8–15 Uhr, 2 €, mit Shop

🏛5 [H7] **Museum für Handwerker und Handwerkszeug**, O. Pános 22, Di.–So. 8–15 Uhr, 2 €, mit Shop und Café

018at-mb

auf den oberen Fries mit der Darstellung der Windgötter bezieht. An jeder der acht je 3,20 m langen Seiten befindet sich das Relief eines Windgottes: Boréas im Norden, Skíron im Nordwesten, Zéphyros im Westen, Lips im Südwesten, Nótos im Süden, Eúros im Südosten, Apeliótes im Osten und Kaikías im Nordosten.

An die türkische Besetzung erinnert gegenüber dem alten Zugang zur Ausgrabung die **Medrese** (O. Pelopída). Von dieser türkischen Koranschule von 1720/1721 steht nur noch die Außenmauer mit einer Inschrift über dem Tor.

> Pl. Aéridon, Metro: „Monastiráki", http://odysseus.culture.gr/h/3/eh355.jsp?obj_id=2402, tgl. 8 – 17 Uhr, 6 € bzw. Kombiticket 30 € (s. S. 18)

㉓ Anafiótika ★★   [H8]
Αναφιώτικα

Geht man entlang des Fußes des Akropolis-Hügels ostwärts, stößt man in der O. Pritaníou auf eine Enklave mitten in der Pláka ⑳: das Viertel Anafiótika, ein malerisches Inseldorf mitten in der Großstadt. Die **Siedlung** entstand um die Mitte des 19. Jh. planlos – wie vieles in Griechenland – und völlig **illegal auf archäologischem Sperrgebiet**. Der Name geht auf die ersten Bewohner zurück, Bauhandwerker von der Insel Anáfi, die wegen ihres Rufs als gute Handwerker für die immensen Bauvorhaben in die neue Hauptstadt gelockt worden waren. Da ihre Löhne niedrig waren und sich niemand um ihre Unterbringung kümmerte, schufen sie quasi über Nacht vollendete Tatsachen. Sie machten sich dabei ein Gesetz zunutze, nach dem ein ohne Genehmigung gebautes Haus nicht abgerissen werden dürfe, wenn es am ersten Tag ein Dach bekommt.

tes betritt man die Römische Agorá. Eine Inschrift von 10 v. Chr. erwähnt, dass das Tor auf Kosten der Stadt errichtet wurde. Der **Peristyl-Hof** von 111 x 98 m Fläche war von Säulenhallen, Läden und Vorratsräumen umgeben.

Der markante **Turm der Winde** liegt außerhalb des Forums. Der achteckige, etwa 13 m hohe Turm war von dem Astronomen Andronikos aus Kyrrhos (Makedonien) im 1. Jh. v. Chr. gestiftet worden. An den Außenseiten befanden sich Sonnenuhren, im Innern eine Wasseruhr (Klepshydra) – der „offizielle" Zeitmesser der Stadt. Der Bau hieß deshalb in der Antike „Horologion (Uhr) des Andronikos", wohingegen sich der heutige Name

◿ *Ungewöhnlicher Bau zur Zeitmessung: der Turm der Winde*

Lange Zeit kaum beachtet, wird zwar noch heute über den Fortbestand von Anafiótika diskutiert, doch unumstritten ist es **einer der romantischsten Flecken Athens:** eng gewundene Gassen – einige mit sehenswerten Wandmalereien – und Treppen sowie kleine, ineinander verschachtelte, weiß verputzte Häuser, die sich an den Fels der Akropolis schmiegen. Zwei **Kirchen** befinden sich ebenfalls im Viertel: am Westende die einschiffige Basilika Ágios Simeón, am Ostende Ágios Geórgios tou Vráchou, beide aus dem 17. Jh.

㉔ Lysikrates-Denkmal ★ [H8]
Μνημείο Λυσικράτους
Von den in der Antike üblichen Preisen für siegreiche Choregen (Chorleiter) ist heute nur noch das Lysikrates-Denkmal aus dem Jahr 334 v. Chr. an der Platía Lissikrátos (frei zugänglich) erhalten. Der **gute Zustand des Monuments**, das aus einem quadratischen Sockel besteht, über dem sich ein kleiner Rundbau mit sechs Säulen erhebt, erklärt sich aus dem einst benachbarten **Kapuzinerkloster**, das 1669 den Bau erwarb und ihn als Bibliothek und Lesesaal nutzte.
Hier arbeitete, wie ein Graffito im Inneren belegt, 1810 **Lord Byron** an seinem Werk „Childe Harold". Das Kloster brannte 1821 ab, doch das Monument wurde 1845 wiederhergestellt. Das Lysikrates-Denkmal gilt als erster Bau in der Architekturgeschichte, bei dem außen korinthische Säulen verwendet wurden.

㉕ Platía Mitropóleos ★ ★ [H7]
Πλατεία Μητροπόλεως
Die Platía Mitropóleos am Nordrand der Pláka ㉔ wird von der sog. Großen Mitrópolis überragt, der **Hauptkirche der Stadt**, die 1842–1862

im Auftrag König Ottos I. als Wiedergutmachung für die „in Unkenntnis" vorgenommenen Beschneidungen der Macht der griechisch-orthodoxen Kirche erbaut wurde. Die ursprünglichen Pläne des deutschen Architekten Eduard Schaubert kombinierten griechisch-orthodoxe Eigenheiten mit einer katholischen Kathedralenfassade. Nach der Grundsteinlegung lösten ihn zwei griechische Architekten ab und fügten neobyzantinische Elemente hinzu. Der Franzose F. Boulanger (1807–1875) stellte dann als vierter Architekt den Bau 1862 fertig.
Im Schatten des Großbaus steht die **Kleine Mitrópolis**, eine der ältesten erhaltenen Kirchen Athens. In der Spätantike über einem antiken Heiligtum erbaut, heißt sie im Volksmund „**Panagía Gorgoepíkoos**" („Kirche der rasch erhörenden Maria"). Der heutige Bau stammt aus dem späten 12. bzw. frühen 13. Jh. und fungierte bis zum Neubau als Bischofskirche. Von den Fresken des 13. und 14. Jh. sind

---

EXTRAINFO

Bollwerke im modernen Athen
Ein Kuriosum stellt die einschiffige **Basilika Agía Dínami** aus dem 17. Jh. in der O. Mitropóleos dar: Sie steht scheinbar völlig fehl am Platz unter der Arkade eines modernen Hochhauses. Grund dafür, dass sie nie abgerissen wurde, mag ihre Rolle während des Freiheitskampfs gewesen sein: Tagsüber diente sie als türkische Munitionsfabrik und nachts als Geheimtreff der Rebellen. Auch die Kirche **Kapnikaréa** auf der O. Ermoú widersetzte sich allen Neubauplänen. Sie gilt als eine der ältesten erhaltenen byzantinischen Kirchen der Stadt (11. Jh.).
★ 6 [I7] **Basilika Agía Dínami**, O. Mitropóleos
★ 7 [H7] **Kapnikaréa**, O. Ermoú

eine Marienfigur in der Apsis und ein übermalter Pantokrator (Christus) in der Kuppel erhalten. In der Fassade sind antike und byzantinische Architekturteile (Spolien) verbaut.

❯ Metro-Linie 1 und 3 „Monastiráki"

㉖ Psirrí – das andere Athen ★★ [G6]

Ψυρρή

Von Touristen weniger wahrgenommen wird der dritte Teil der Altstadt, Psirrí. Vielleicht deswegen, weil dieses Viertel eher unauffällig und weniger romantisch, dafür authentischer, ist? Psirrí gilt seit jeher als **Widerstandsnest** und „Heimat der Unterwelt", wirkt stellenweise renovierungsbedürftig, hat aber ein **eigenes Flair**.

Nach der Staatsgründung im frühen 19. Jh. war das Viertel von Zuwanderern der Kykladen-Insel Naxos besiedelt worden. Doch nicht nur **Immigranten** fanden hier ein Zuhause, sondern auch **Lord Byron** wohnte an der Ecke O. Agías Théklas/Papanikolí. Politische Widerstandskämpfer tauchten während des Unabhängigkeitskrieges ebenso hier ab wie später „zwangsumgesiedelte" Rembétes-Musiker (s. S. 45). Inzwischen ist erneut eine **alternative Szene** entstanden: In Kneipen treten wieder Musiker auf und alte Bauten werden umgenutzt, z. B. als Embros Theater in der O. Ríga Palamídou (www.embros.gr).

Genau genommen ist Psirrí zweigeteilt: Einerseits das **alte Handwerkerviertel** zwischen O. Ermoú und Evripídou, mit kleinen **Werkstätten** und stark spezialisierten (Leder-)Läden. Das Herz schlägt um die **Platía Iróon**, wo sich **Tavernen, Cafés, Bars und Musikkneipen** aufreihen.

Weiter nördlich befindet sich das Areal um den **Athener Zentralmarkt** (s. S. 85) und östlich der O. Athinás erstreckt sich der zweite Teil des Viertels, der von der Fußgängerzone O. Aiólou geprägt ist. Das **moderne Zentrum** von Psirrí ist die nahe **Platía Kotziá** mit dem **Rathaus** [H5] aus dem Jahr 1872. 1985 traten beim Bau einer Tiefgarage die Fundamente des Stadttheaters, das 1873–1888 nach Plänen von Ernst Ziller erbaut und 1935 abgerissen worden war, zutage. Man entdeckte zudem eine antike Straße und einen Friedhof – Teile der Ausgrabungen sind noch an der Nordostecke des Platzes zu sehen.

❯ Metro-Linie 1 und 3 „Monastiráki"

◁ *Psirrí ist authentisch und ideal zum „Sich-Treibenlassen"*

Rembétiko – der „Blues" der Griechen

Rembétiko oder „Rebétiko" ist wie Flamenco, Blues oder Tango Ausdruck einer Stimmung oder Gemütsverfassung. Die Musik der griechischen Unterwelt war bis in die 1950er-Jahre Sprachrohr der Unterdrückten, eine Sprache, die von den damals Herrschenden nicht gerne gehört wurde. Um nicht unnötig auf den Straßen als „Rembétes" aufzufallen, versteckten viele Musiker die Miniversion der Bouzouki, die Baglamás, unter ihrem Gewandärmel.

Ein „Rembétes" (türkisch „Rebell") verlieh seiner Wut und Trauer in einfachen, kurzen Liedern im seltenen 9/8-Takt und mit selbst geschriebenen Texten Ausdruck, die wahre Begebenheiten schilderten. Der mehrfach ausgezeichnete griechische Film „Rembétiko" von 1983 (Regie: Kóstas Férris) setzte der Musik des griechischen Subproletariats ein Denkmal. Der auf einer wahren Biografie basierende Film schildert die Geschichte einer Gruppe von Rembétes zu Anfang des 20. Jh.

Die Wurzeln des Rembétiko reichen auf Griechen aus Kleinasien zurück, die bei der großen Umsiedelungsaktion 1922/1923 nicht nur Gebräuche und Sitten, sondern auch Instrumente mitgebracht hatten, darunter die Bouzouki, die zum klassischen Begleitinstrument von Rembétika-Liedern wurde. Die Musiker waren zuvor in den Küstenstädten Kleinasiens und der Ägäis, in Kaffee- oder Musikhäusern herumgezogen und hatten zusammen mit ihren türkischen, armenischen und jüdischen Nachbarn eine bemerkenswerte musikalische Tradition – das Rembétiko – kreiert. Dank der orientalischen Ursprünge und Einflüsse – byzantinische Kirchenmusik findet sich ebenso wie türkische Volksmusik, Melodien aus Balkanländern und des Vorderen Orients – unterschied sich der Stil deutlich von der ländlichen griechischen Volksmusik, der „Dimotikí".

In früheren Jahrzehnten als „Proletariermusik" ohne musikalischen Anspruch verpönt, ist Rembétiko heute wieder angesagt und wurde 2017 in die UNESCO-Weltkulturerbe-Liste aufgenommen. In Psirrí **26** und anderen Vierteln Athens hat man in diversen Lokalen die Möglichkeit, der „Musik der Unterdrückten" zu lauschen (s. S. 82).

27 Geráni ★ [G5]

Γεράνι

Hinter dem Rathaus entwickelte sich in den letzten Jahren mit verstärktem Zuzug indischer, pakistanischer, afrikanischer und asiatischer Immigranten ein **multiethnisches Viertel**: Geráni – von den Athenern meist abschätzig „Unterstadt" genannt. Erst mit dem Zuzug junger Künstler und Aussteiger in den letzten Jahren scheint ein langsamer Wandel in Gang gekommen zu sein.

Noch stehen viele Häuser und Läden leer, zieren Schmierereien und Graffiti die Hauswände. Die Eröffnung des **Kulturzentrums Romántso** markiert den Aufbruch in eine bessere Zukunft. Es befindet sich in einem ehemaligen Druckereigebäude, in dem einst das größte Magazin des Landes, „Romántso", gedruckt wurde. Der Grafiker Vasílis Charalambídis hat das Gebäude zusammen mit Freunden restauriert und zum Treff und Zentrum alternativer Kunst gemacht. Neben einer Galerie und einem Konzertsaal befinden sich hier das „Zukunftslabor", Büros für Start-ups, Architekten, Designer und andere Gruppen. Für drei Jahre kann man sich einmieten, zunächst gratis, dann steigt die Miete gestaffelt an und nach drei Jahren sollte man Platz für neue Start-ups machen. Für Besucher ist außer den Veranstaltungen das zum Komplex gehörige Café interessant.

● 8 [H5] **Romántso**, O. Anaxagóra 3, Metro-Linie 2 und 3 „Omónia", www.romantso.gr/?Lang=En (mit Veranstaltungskalender), mit Café-Bar

28 **Metaxourgío** ★ [F5]
Μεταξουργείο

Die vielbefahrene Odós P. Tsaldári trennt Geráni 27 vom westlich gelegenen Metaxourgío, das griechische Wort für „Seidenfabrik". In der Antike befand sich hier ein Friedhof, im 19. Jh. entstand eine Textilfabrik und im Laufe der Zeit entwickelten sich rings-um Handwerksbetriebe und Läden

und es wurden Arbeiterwohnungen gebaut. In den 1970er- und 1980er-Jahren verfiel das Areal und erst in den letzten Jahren setzt eine behutsame Wiederbelebung – dank **junger Künstler und Aussteiger** – ein.

Ein Rundgang ausgehend von der Metrostation „Metaxourgío" mit sehenswerten **Kunstwerken** des bedeutendsten Malers der Gegenwart **Alékos Fassianós** gibt einen Einblick in den Wandel. Über die Pl. Metaxourgíou führen O. Kolokinthoús und Leonídou zur Pl. Avdí. Hier blickt man an der Ecke zur O. Millérou auf die **Reste der ehemaligen Seidenfabrik**, 1835 von dem Dänen Hans Christian Hansen als Kaufhaus konzipiert und bis 1875 in Betrieb. Heute befindet sich hier die **Kommunale Galerie**, die städtische Kunstsammlung. Wenige Schritte südöstlich des Platzes laden einige Cafés und Lokale – z. B. Beba (O. Akadímou 16, tgl. ab 13.30 Uhr) oder To Avgó tou Kókkora (O. Millerou 25) – zum Päuschen ein.

 9 [F5] **Kommunale Galerie Athen** (Δημοτική Πινακοθήκη της Αθήνας), Pl. Avdí (Ecke Leonídou/Millérou), Metro-Linie 2 „Metaxourgío", Di. 10–21, Mi.–Sa. 10–19, So. 10–15 Uhr, Eintritt frei

Neustadt

Spricht man von der „Athener Neustadt", ist vor allem jener Teil gemeint, der nach der Ernennung Athens zur Hauptstadt Griechenlands (1834) entstanden ist. Die Planung erwies sich als kompliziert, da man nicht nur den neuen Verwaltungs- und Repräsentationsaufgaben, sondern auch dem antiken Erbe gerecht werden musste. Dass die beiden alten Viertel Pláka ⓴ und Psirrí ㉖ überlebten, ist letztendlich dem bayerischen Hofarchitekten Leo von Klenze zu verdanken.

㉙ Platía Omonías ★ [H5]

Πλατεία Ομονοίας

Der Name **„Platz der Eintracht"**, kurz „Omónia", erinnert an den Friedensschluss zwischen den verschiedenen Volksgruppen nach dem Freiheitskrieg zu Beginn des 19. Jh. Der Platz sollte nach der Ernennung Athens zur Hauptstadt 1834 das **neue Zentrum der Stadt und des Landes** bilden. Doch weder der Königspalast ㉞ noch andere Repräsentativbauten entstanden wie geplant: Geldprobleme und politische Querelen bewirkten, dass nur einige Ideen realisiert wurden, z. B. das Straßendreieck aus den beiden Hauptachsen O. Pireós und O. Stadíou [H5–I6] und der O. Ermoú [F6–I7] als Südabschluss.

Gegen Ende des 19. Jh. entstanden ringsum erste **repräsentative Bauten**, die den Platz zum Aushängeschild der Stadt machten, z. B. 1889 das einstige Hotel Mégas Aléxandros (Pl. Omonías 19), in dessen

◁ *Wandbilder zeugen in Metaxourgío vom kreativen Potenzial der lokalen Kunstszene*

Café sich einst die High Society traf. Im 20. Jh. verkam der Platz zum bloßen Verkehrsknotenpunkt und erst im Vorfeld der Olympischen Spiele 2004 begann man mit einem Facelift. Geschäfte wie das Hondos Center (s. S. 85), eines der wenigen Kaufhäuser der Innenstadt, oder Cafés wie I Veneti (s. S. 79), Snackbars und moderne Hotels wie das Athens Tiare (s. S. 125) geben dem Platz heute ein wenig vom einstigen Glanz zurück.

❯ Metro-Linie 2 und 3 „Omónia"

㉚ Archäologisches Nationalmuseum ★★★ [I4]

Εθνικό Αρχαιολογικό Μουσείο

Im Hintergrund eines kleinen, etwas dürren Parks erhebt sich ein imposanter Bau. In ihm verbirgt sich die weltgrößte und -bekannteste Sammlung antiker griechischer Kunst. Die Sammlung des Nationalmuseums umfasst alle Genres, Kulturräume und Zeiten, deckt das gesamte Spektrum von Skulptur- über Relief- und Kleinkunst bis zu Vasenmalerei und Metallkunst ab.

Prähistorische Fundstücke sind ebenso zu finden wie ägyptische, doch der **Schwerpunkt** liegt auf der **griechischen Kunst von mykenischer bis römischer Zeit**. Die archäologische Sammlung existiert seit 1829 und befand sich ursprünglich auf der Insel Ägina. 1837 nach Athen überführt und u. a. im Theseion gelagert, fiel erst 1866 der Startschuss für den Neubau, der allerdings erst 23 Jahre später eröffnet wurde.

Ein **Museumsrundgang**, der mehrere Stunden in Anspruch nehmen kann, beginnt in den Räumen 3–6 im Zentralbau. Hier befindet sich die **prähistorische Sammlung** (7. Jahr-

021at-mb

Die Säle 8–21 geben einen hervorragenden Überblick über die Entwicklung der archaischen **Plastik** vom blockhaft-zweidimensionalen Körperaufbau zu Rundplastizität und Stand-Spielbein-Unterscheidung der klassischen Plastik. Markante Beispiele sind der Kouros von Sounion (um 600 v. Chr.), der Jüngling von Anavyssos I (um 530/520 v. Chr.), der Apollon von Piräus (um 520/510 v. Chr.), der berühmte Aristodikos („Anavyssos II", um 500/490 v. Chr.), der „Gott aus dem Meer" (Bronze, um 460 v. Chr., Blitze schleudernder Zeus oder Poseidon), der berühmte Diadumenos – ein Athlet, der sich eine Binde umlegt (Kopie eines Polyklet-Originals, 5. Jh. v. Chr.) oder das Bronzeoriginal eines reitenden Knaben, der wie der „Gott aus dem Meer" einem Schiffswrack vor Kap Artemision (Euböa) entstammt.

tausend bis 1100 v. Chr.), die u. a. mykenische Funde wie Grabbeigaben, Goldobjekte, Totenmasken und die Schliemann-Funde aus Schachtgrab A (Agamemnon-Porträt) sowie eine Sammlung kykladischer Kunst umfasst.

Man sollte sich von dem Gold jedoch nicht allzu sehr blenden lassen, denn berühmt ist das Museum für seine **Skulpturensammlung**. Sie umfasst in etwa 30 Sälen im EG Kunstwerke von der archaischen Zeit bis zur Spätantike und gibt einen umfassenden chronologischen Überblick über die griechische Plastik: von den eher statisch wirkenden Koren und Kouroi über die plastischen, idealisierten Athletenfiguren der Klassik bis hin zu emotionsgeladenen und heftig bewegten Figuren und Gruppen des Hellenismus.

Saal 28 zeigt **Grabreliefs** vom Ende des 4. Jh. v. Chr. wie auch **spätklassische Skulpturen** wie den Jüngling von Marathon (um 340 v. Chr.) und den Jüngling von Antikythera (um 340 v. Chr.). Spätklassische und hellenistische Plastik, darunter die Themis von Rhamnus (3. Jh. v. Chr.), der Sterbende Gallier (Delos, Ende 2. Jh. v. Chr.) und Bronzeköpfe wie jener eines Faustkämpfers aus Olympia oder des Philosophen aus dem Meer von Antikythera befinden sich in den Sälen 29/30. Die Säle 31–33 sind der **römischen Plastik** gewidmet, während andere Räume im EG für **Wechselausstellungen** genutzt werden.

Im OG lohnen sich die **Vasensammlung** (Säle 49–56) sowie die **Fresken und Funde aus Santorin** in Saal 48. Die Vasen geben einen umfassenden und faszinierenden Überblick über die antike griechische Keramik, über Formen und Brenn- bzw. Bemalungs-

☐ Im Athener Nationalmuseum kann man Stunden verbringen – hier einer der Skulpturensäle

stile (rot/schwarz-figurig) und einzelne Landschaften und Künstler.

❯ O. Patissíon 44, Metro-Linie 2 und 3 „Omónia", www.namuseum.gr/wellcome-en.html, Mo. 13–20, Di.–So. 8–20 Uhr (im Winter 9–16 Uhr), 10 € (inkl. Sonderausstellg.), Kombiticket 15 €, drei Tage gültig, inkl. Byzantinisches und Christliches **39**, Numismatisches **32** und Epigrafisches Museum (s. S. 67), Shop und Café im UG rund um einen idyllischen Innenhof.

31 „Athener Trilogie" ★ [I6]

Νεοκλασικής Τριλογίας

Das **Geschäftszentrum der Stadt** erstreckt sich zwischen den beiden Hauptplätzen, Omónia **29** im Norden und Sýntagma **33** im Südosten. Beide wurden 1835 nach dem Stadtplan von Leanthis und Schaubert durch eine **Achse namens Leofóros Eleftheríou Venizélou** verbunden. Kurz darauf begannen die Bauarbeiten an der Athener Universität und es bürgerte sich die Kurzbezeichnung „**Panepistimíou**" („der Universität") als Straßenname ein. Parallel zu dieser Hauptachse verlaufen südwestlich die O. Stadíou und nordöstlich die O. Akademías.

Die drei dominanten Bauten an der „Panepistimíou" gehören zum **städtebaulich sehenswertesten Ensemble des 19. Jh.** Schon der dänische Architekt Theophil Hansen (1813–1891) sprach von der „Athener Trilogie", bestehend aus Akademie, Universität und Nationalbibliothek, als er zusammen mit seinem älteren Bruder Christian (1803–1883) die drei Gebäude entwarf.

Eine monumentale zweiläufige (Renaissance-)Treppe führt zum tempelartigen nordwestlichen Teil des Komplexes: zur **Nationalbibliothek**

(Βιβλιοθήκη). Der Bau orientiert sich architektonisch am Hephaisteion auf der Agorá **18**. Die beiden Seitentrakte beherbergen Magazine, der große Lesesaal befindet sich im Zentrum. Er ist mit ionischen Säulen, nach dem Vorbild des Erechtheion **5**, und sterngeschmückter Kassettendecke verziert. Er dient heute universitären und repräsentativen Zwecken, da die Bibliothek selbst 2016 in das Niárchos-Kulturzentrum **43** umgezogen ist.

Der mittlere Bau der Trias ist der Kernbau der **Universität** (Πανεπιστήμιο) von Athen, heute Sitz

Exárchia (Εξάρχεια)

Das Viertel zwischen Leof. El. Venizélou/Panepistimíou [H5–J6], dem Stréfi-Hügel und dem Archäologischen Nationalmuseum **30** heißt offiziell „Exárchia". Da die meisten Bewohner Studenten sind und hier von jeher **Demonstrationen, Protestaktionen und Widerstandsbewegungen** ihren Ausgang nahmen, hat sich der **Spitzname „Anarchía"** eingebürgert. Im Zuge der Finanzkrise sind die meisten Läden aufgegeben worden, gibt es kaum eine Hauswand oder einen Rollladen ohne Parolen oder Graffiti. Auch die Kriminalität (v. a. Drogen) ist ein Problem, da sich die Polizei kaum mehr ins Viertel traut.

Das **Herz des Studentenviertels** bildet die **Platía Exarchíon** mit einigen Cafés ringsum. Auf dem Platz selbst haben sich Aussteiger, Obdachlose und Aktivisten eingerichtet. An der Ecke O. Themistokléous/Arachóvis befindet sich eines der ältesten noch betriebenen **Freiluftkinos**, das „Vox" aus dem Jahr 1920. Ins Zentrum führt als Hauptachse des Viertels die **O. Themistokléous** mit **preiswerten Imbisslokalen und Cafés.**

Abstecher zu lohnenden Museen

An der Platía Klafthmónos (O. Stadíou) [I6] steht eine der ältesten Kirchen der Stadt, Ágii Theódori, v. a. lohnt aber an der Ostseite das **Athener Stadtmuseum** (s. S. 67). Das Stadtpalais des aus Chios stammenden Kaufmanns Stamátios Voúros von 1833/1834 diente bis 1842 König Otto als Übergangswohnsitz. 1980 der Stadt vermacht und zum Museum umgestaltet, sind heute im OG die Räumlichkeiten des Königspaares mit entsprechender Möblierung und Ausstattung, außerdem Erinnerungsstücke, Dokumente und Bilder zur Geschichte der griechischen Hauptstadt vom frühen 18. bis zum 20. Jh. zu bewundern. Besonders sehenswert ist das Stadtmodell im Maßstab 1 : 1000. Es zeigt die Ausdehnung der Stadt im Jahr 1842.

Etwas weiter südöstlich jenseits der O. Stadíou, an der Pl. Kolokotróni, steht das Alte Parlament, in dem sich das **Historische Nationalmuseum** (s. S. 68) befindet. In 16 Sälen geht es um die Geschichte Griechenlands vom Fall Konstantinopels 1453 bis zur Gegenwart. Interessant ist die Ausstellung zu berühmten Griechen und Griechenfreunden wie Lord Byron, sehenswert ist der restaurierte Sitzungssaal.

von Verwaltung, Rektorat, juristischer Fakultät, Archiven und Festsaal. Die Vorhalle mit ionischen Säulen ist den Propyläen ❷ abgeschaut, die Löwenkopfwasserspeier gleichen denen am Parthenon ❹. In den Säulenhallen befinden sich Fresken, die die kulturelle Entwicklung Hellas' zum Thema haben.

Der Nationalbibliothek ähnelt die **Akademie der Wissenschaften** (Ακαδημία). Der massive tempelartige Mitteltrakt ähnelt hier der Ostfassade des Erechtheion ❺. Der Architrav über den ionischen Säulen trägt die Inschrift „Baron Sina widmet Griechenland die Akademie", zu Ehren des österreichischen Mäzens Georg Simon von Sina (1783–1856). Das Giebelfeld zeigt im Stil des Parthenons eine Götterversammlung und die Geburt der Athena und die Statuen links und rechts der Freitreppe verkörpern die Philosophen Platon und Sokrates.

❯ Metro-Linie 2 „Panepistimíou", http:// uoa.gr (Uni)

㉜ Ilíou Mélathron – Numismatisches Museum ★★ [J6]

Ιλίου Μέλαθρον – Νομισματικό Μουσείο

An der Panepistimíou steht das **ehemalige Wohnhaus von Heinrich Schliemann**, genannt „Ilíou Mélathron" („Palast von Troja"), das heute das Numismatische Museum beherbergt. Heinrich Schliemann (1822–1890), erst viel gerühmter, dann verschmähter Ausgräber von Troja, hatte sich 1871 als vermögender Kaufmann ganz der Archäologie verschrieben. Seine Hauptfunde, der „Schatz des Priamos" aus Troja und der legendäre Goldschmuck aus den Gräbern von Mykene, vermachte er später dem Museum für Vor- und Frühgeschichte in Berlin und dem Athener Nationalmuseum ㉚.

Nach seiner Hochzeit mit der Athenerin Sophía Engstroménos hatte Schliemann das Haus bei seinem Freund Ernst Ziller in Auftrag gegeben. 1879–1881 entstand **eine Art italienische „Renaissancevilla"** mit zweigeschossiger ionischer Loggia an der Fassade – ein Paradebeispiel für griechischen Klassizismus und zugleich eines der luxuriösesten Privathäuser Athens. Innen befinden sich

Fresken im pompejanischen Stil, angefertigt nach einen Bildband über Pompeji von 1852.

Pläne, hier passenderweise ein Schliemann-Museum einzurichten, stießen auf Widerstand und bei der Umgestaltung zur Münzsammlung kam es zu tiefgreifenden Veränderungen der ursprünglichen Ausstattung. Immerhin gibt es heute in Saal II Informationen zu Schliemann und der Architektur. Der Schwerpunkt des Museums liegt auf **antiken Münzen**, die hinsichtlich ihrer Konzeption und Aufmachung attraktiv präsentiert werden. Thematisiert werden u. a. die Geschichte des Geldes, Herstellungstechniken, Namen und Arten, Prägestätten und Verbreitungswege.

❯ Panepistimíou 12, Metro-Linie 2 und 3 „Sýntagma", www.enma.gr, tgl. außer Mo. 8.30–15.30 Uhr, 6 €, mit Gartencafé (Mo.–Sa. 8–23, So. 9–20 Uhr, Snacks, Getränke und abends Musik)

㉝ Platía Syntágmatos ★★ [J7]

Πλατεία Συντάγματος

Die Platía Syntágmatos ist der **wichtigste Platz Athens.** Hier schlägt das politische Herz Griechenlands und dieser Ort ist seit jeher Schauplatz politischer Aktionen, Kundgebungen und Demonstrationen, aber auch beliebter Treff. Hier befindet sich zudem eine wichtige und wegen der archäologischen Ausstellungen sehenswerte Metro-Station.

1837 war im Zuge der Baumaßnahmen für das königliche Schloss der „Musenplatz" angelegt worden. Als König Otto sechs Jahre später vom Balkon seiner Residenz die konstitutionelle Monarchie verkündete, wurde er in „Platz der Verfassung" („Sýntagma") umbenannt. An der Nordostecke erhebt sich ein mo-

numentaler klassizistischer Bau, das sog. **Mégaro Dimitríou.** 1856–1874 fungierte es als Sitz der École Française d'Athènes, dann erwarben zwei Athener Geschäftsleute das Gebäude und eröffneten an der Stelle das **Hotel Grande Bretagne.** Anfangs standen 80 Betten und zwei Badezimmer zur Verfügung, 1888 wurde der Bau voll elektrifiziert und verfügte über den ersten Generator in Athen. Im großen Ballsaal fanden Zeremonien, Bälle, Festivals und Kongresse statt. Anfang des 20. Jh. gab es hier bereits fließendes Wasser, eine Zentralheizung und Aufzüge. Heute gehört das 5-Sterne-Hotel zur „Luxury Collection" und zu Europas Spitzenherbergen.

㉞ Alter Palast (Parlament) ★★ [J7]

Παλιό Παλάτι (Βουλή)

Das Parlament – ein eindrucksvoller, lang gestreckter Bau – dominiert den Sýntagma-Platz. Dieser „Alte Palast", der **ehemalige Königspalast,** wurde in den 1830er-Jahren für König Otto im klassizistischen Stil nach Plänen von Friedrich von Gärtner im Auftrag Ludwigs I. von Bayern erbaut. 1910 gab die königliche Familie Konstantins I. den Bau als Wohnsitz auf, 1935 zog das griechische Parlament

EXTRATIPP

Shoppingmeile Odós Ermoú

Westlich der Platía Syntágmatos ㉝, gegenüber der Metro-Station, beginnt die **Odós Ermoú,** eine Fußgängerzone und beliebte Shoppingmeile. Abgesehen von Filialen der omnipräsenten Modeketten, gibt es Designer-, Schuh- und Kosmetikshops, Wohndesign und Souvenirs, dazu Cafés und Imbisslokale. Einige griechische Labels sind ebenfalls vertreten.

022at–mb

ein. Die Königsfamilie siedelte um ins **Neue Schloss,** das östlich des Nationalgartens ③⑤ steht und 1891–1897 als Thronfolgerpalais von Ernst Ziller erbaut worden war. Seit 1974 dient es als repräsentativer Sitz des Staatspräsidenten.

Dem Alten Palast vorgelagert ist eine abgesenkte Platzanlage mit dem 1928 entstandenen **Grab des Unbekannten Soldaten,** das, wie der Palast selbst, von kurios anmutenden Wachen, den Evzonen, bewacht

◁ *Vor dem Parlamentsgebäude* ③④ *findet regelmäßig ein Wachwechsel statt*

Die Evzonen

Die 1824 während des Unabhängigkeitskriegs gegründete Einheit der Evzonen fungiert seit 1864 als hochangesehene Elitetruppe der griechischen Armee und ist zuständig für die Bewachung von Präsidentenpalast und Grab des Unbekannten Soldaten (s. o.) sowie für den Fahnenappell auf der Akropolis ①*. Von Status und Aussehen her erinnert die militärische Spezialeinheit an die Schweizergarde im Vatikan oder an die Wachen vor dem Londoner Buckingham Palace: etwas skurril, ein wenig altmodisch, aber überaus fotogen.*

Die Evzonen oder „Gutgegürteten" – der Begriff geht auf Homer zurück – sind rund 200 stattliche junge Männer (über 1,87 m groß!) in der alten griechischen Tracht, die Königin Amalia, Ottos Gemahlin, entworfen haben soll. Sie tragen entweder weiße (sonntags und zu offiziellen Anlässen) oder blaue (Alltags-)Faltenröckchen, „fustanella"

genannt. Sie sollen der Kleidung der Freiheitskämpfer, die 1821 die Türken besiegten, abgeschaut sein. Weiter gehört die „krossia" zur Festtagskluft, eine Art Schürze aus Lederstreifen, nicht fehlen dürfen die „tsarouchia" oder „sarouchi", hölzerne Schnabelschuhe mit Pompon, dicke Wollstrümpfe und eine Mütze mit Quaste.

*Bei 30 °C im Schatten ist es trotz eines Vordachs am Wachstand in diesem Kostüm kein Spaß, unbeweglich zu stehen. Ein Gehilfe steht bereit, um die Falten und Quasten zurechtzuzupfen, Schweiß zu wischen und bei Bedarf lästige Fliegen – oder Touristen – zu verscheuchen. Stündlich findet ein **Wachwechsel** statt – besonders aufwendig ist die Zeremonie sonntags um 11 Uhr – doch auch an der Rückseite des Parlaments* ③④*, in der O. Iródou Attikoú, wo sich der Präsidentenpalast befindet, können die Soldaten bei der Ablösung beobachtet werden.*

wird. Zu offiziellen Anlässen werden hier Kränze niedergelegt. Das Grab zeigt im Zentrum das Relief eines toten Kriegers mit korinthischem Helm und Schild, zudem zählen Inschriften die Siege der griechischen Armee seit den Freiheitskriegen auf und zitieren den Anfang der berühmten „Grabrede des Perikles" von Thukydides.

❯ Metro-Linie 2 und 3 „Sýntagma", keine Besichtigung möglich, stündlicher Wachwechsel

㉟ Nationalgarten ★★ [J7]

Εθνικός Κήπος

Der Nationalgarten, der sich vom Parlament ㉞ in südöstliche Richtung erstreckt, ist für Besucher und Einheimische eine beliebte Erholungsoase. Das tropische Paradies gibt sich eher „naturbelassen" als exakt gepflegt und birgt **Teiche**, einen kleinen, altmodischen **Zoo**, ein **botanisches Museum** in einem Pavillon von 1857 und einige **archäologische Hinterlassenschaften.**

1836 war der Schlossgarten im Auftrag von Königin Amalia vom Agronomen Friedrich Schmidt als romantischer Landschaftsgarten geplant worden, zwei Jahrzehnte später begann man, ihn mit Pflanzen aus dem Mittelmeerraum und aus aller Welt zu bepflanzen. Ursprünglich war der Park allein der königlichen Familie vorbehalten, seit 1923 ist er allgemein zugänglich. 2004 übergab der griechische Staat den Garten der Stadt Athen für 90 Jahre zur kostenfreien Nutzung.

Sehenswert sind die **Statuen**, u. a. für Lord Byron, der **Ententeich** und

die mächtigen zwölf kalifornischen **Washingtonpalmen**, die Königin Amalie pflanzen ließ. Am Parkeingang kann man sich an Kiosken und Ständen mit Kouloúri (s. S. 71) oder Getränken für eine Pause im Park eindecken.

Weiter südwärts folgt an der O. Attikoú das **Zappeion**. Der zugehörige, südlich an den Nationalgarten anschließende Park war einst Teil des Königspalastes, wurde allerdings schon 1885 für die Allgemeinheit geöffnet. Der erste Plan für den repräsentativen Veranstaltungs- und Ausstellungsbau, der nach dem Stifter, E. Záppas aus Epirus, Freiheitskämpfer und Großgrundbesitzer, benannt wurde, stammt von François Boulanger, realisiert wurde er von 1885 bis 1888 von Ernst Ziller.

❯ Hauptzugänge: Leof. Vas. Amalías (neben dem Parlament), Loef. Vas. Sofías und O. Iródou Attikoú, Metro-Linie 2 und 3 „Sýntagma", geöffnet: tgl. Sonnenauf- bis -untergang

❯ Zappeion, Leof. Vas. Ólgas, Tram-Haltestelle „Zappeío", www.zappeion.gr, Veranstaltungen s. Website

023at-mb

▷ *Der Nationalgarten gilt als die grüne Lunge im Stadtzentrum*

㊱ Panathenäisches Stadion ★ [K8]

Παναθηναϊκό Στάδιο

Am Ende des Leof. Vas. Ólgas liegt in einer Talmulde zwischen den beiden Hügeln Ágra und Ardettós das Panathenäische Stadion. Diese Sportstätte wurde 1896 **anlässlich der ersten Olympischen Spiele der Neuzeit** aus pentelischem Marmor erbaut – und wird deshalb auch „Kallimármaro" („schöner Marmor") genannt.

Lykurg hatte bereits um 330 v. Chr. an dieser Stelle über dem Ilissós ein Stadion für die sportlichen Wettkämpfe der Panathenäischen Spiele errichten lassen. Das antike Stadion wurde zwischen 140 und 144 n. Chr. durch Herodes Atticus modernisiert. Wahrscheinlich stammt aus dieser Zeit auch die Form: eine hufeisenförmige Bahn von 204,07 m Länge und 33,35 m Breite; Doppelhermen markierten Anfang und Ende der Laufbahn.

Die Wettläufe gingen über ein „attisches Stadion" von 184,30 m Länge bzw. bei Doppelstadionläufen hin und zurück. Damals fanden bis zu 60.000 Menschen auf den Zuschauerrängen Platz. Gleich beim Eingang fällt der Blick auf Marmortafeln, auf denen alle Olympischen Spiele der Neuzeit und sämtliche griechische Olympiasieger aufgelistet sind.

❯ Leof. Vas. Konstantínou/Pl. Panathinaikoú Stadíou, Tram-Stopp „Záppeio", www.panathenaicstadium.gr, März–Okt. tgl. 8–19, sonst bis 17 Uhr, 5 €, mit Coffeeshop am Eingang und Audio Guide

㊲ Benáki-Museum ★★ [K7]

Μουσείο Μπενάκη

Am **Leof. Vasilíssis Sofías,** einer der Athener Prachtalleen, der vom Parlament ㉞ Richtung Osten aus der Stadt führenden Hauptachse, reihen sich einige bedeutende Museen sowie prächtige Botschaftsgebäude auf. 1880 war die Straße nach Kifissiá im Norden hin zur Promenade erweitert worden und es entstanden repräsentative Gebäude, von denen jedoch die meisten dem Bauwut der 1970er-Jahre zum Opfer fielen. Ausnahmen sind z. B. das Außenministerium, die Villa Danai (französische Botschaft) oder das Mégaro Psícha (italienische Botschaft). Weiter im Osten erhebt sich das Hilton Hotel (Leof. Vas. Sofías 46), die US-Botschaft, die als einziger moderner Bau Athens in Architekturhandbücher Eingang fand (1956–1961, geplant von Walter Gropius), sowie die Konzerthalle Mégaro Mousikís (Leof. Vas. Sofías/O. Pétrou Kókkali).

◁ *Das Benáki-Museum* ㊲ *ist stolz auf seine grandiose Trachtensammlung*

Ebenfalls in einem **architektonisch sehenswerten Gebäude** befindet sich das Benaki Museum. Die neoklassische Villa Benaki enthält den Kern der Sammlung. Der ursprünglich schlichte Hauptbau von 1867 gelangte 1910 in Benaki-Besitz und wurde 1930 zum Museum umgebaut. 1973 eröffnete der angeschlossene Neubau mit Leseräumen, Sälen für Wechselausstellungen und schönem Café, 1989–1997 entstand an der Westseite ein weiterer fünfgeschossiger Neubau.

Die Sammlung geht auf eine Stiftung des Baumwollhändlers Antonis Benaki (1873–1954) aus Kairo zurück, der sie 1931 dem Staat vermachte. Die **mehr als 30.000 Ausstellungsstücke** reichen von der Antike über die byzantinische Zeit, Franken- und Ottomanenherrschaft bis hin zur griechischen Neuzeit. Beachtlich sind vor allem die Antikensammlung, der Schmuck und die byzantinischen Ikonen, einzigartig ist die große Ausstellung an griechischen Trachten.

Die **prähistorische, griechische und römische Sammlung** (EG, Räume 1–8) umfasst Funde vom 6. Jahrtausend v. Chr. (Neolithikum) bis zur Spätantike (3. Jh. n. Chr.). **Römische Skulptur, Keramik und Kleinkunst** (1. Jh. v.–3. Jh. n. Chr., Saal 8) und Mosaiken (Säle 9, 10) leiten über zur **byzantinischen Sammlung** (Säle 9–12) – Bronze- und Silberobjekte, Lampen, religiöse Gefäße, Manuskripte etc. Vor allem sehenswert ist die **Ikonensammlung** mit Beispielen der kretischen Schule und vom Berg Athos.

Die Räume 13–36 geben Einblick in **griechische Kultur, Wirtschaft und Gesellschaft** vom 15. Jh. bis zum Vorabend des Unabhängigkeitskrieges.

Den Abschluss bildet der Überblick vom Freiheitskampf bis zur Staatsgründung. Das Kernstück bildet eine **Gemäldesammlung** mit 6000 Bildern und Zeichnungen von vor allem europäischen Künstlern (17.–19. Jh.) sowie von griechischen Künstlern des 19. und 20. Jh. Einzigartig in ihrer Vielfalt sind schließlich die **griechischen Trachten,** die historisch und regional gegliedert in den Sälen 13–36 zu sehen sind.

❯ O. Koumpári 1/Leof. Vas. Sofías, Metro-Linie 2 und 3 „Sýntagma", www. benaki.gr, Mi./Fr. 9–17, Do./Sa. 9–24, So. 9–15 Uhr, 9 €, mit Shop und Café. Kleinere, spezialisierte Filialen sind **138 Pireos** (moderne Kunst und Veranstaltungen), die **Ghika Gallery** und die **Posamentenfabrik Mentis,** außerdem das 🏛**10** [F6] **Museum of Islamic Art,** O. Ag. Asomáton 22/O. Dipílou 12, Do.–So. 10–18 Uhr, 9 €. Über 8000 islamische Kunstwerke verschiedener Genres aus dem Fernen und Nahen Osten in einem historischen Gebäude. Pireós

38 Museum of Cycladic Art ★★ [K7]
Μουσείο Κυκλαδικής Τέχνης

Dieses Museum präsentiert auf mehreren Etagen höchst ansprechend die **weltweit bedeutendste Sammlung kykladischer und antiker Kunst,** zusammengetragen vom Ehepaar Nicholas und Ekaterini Goulandris. Die 1986 gegründete Nicholas P. Goulandris Foundation veranstaltet zudem Wechselausstellungen und fungiert als Forschungsinstitut ägäischer Kunst.

Es handelt sich um einen zweiteiligen Komplex: den postmodernen, schlichten **Glas-Marmor-Hauptbau** von 1983–1985 und dem 1991 dazu erworbene herrschaftliche **Mé-**

garo Stathátou (O. Vas. Sofías/Irodó-
tou), die vorwiegend für Wechselaus-
stellungen genutzt wird. Dieser zweite
Teil entstand 1895 nach Plänen von
Ernst Ziller im Auftrag des reichen
Athener Ehepaars **Otto und Athena
Státhatos**.

Der Hauptzugang liegt an der O.
Doúka 4, mit Laden (attraktive Mitbringsel, z.B. authentische Antiken-
kopien!) und schönem Café im Innenhof. Dieser Teil ist durch einen
Korridor mit der Villa verbunden. Besonders berühmt ist das Museum
für seine Sammlung von sog. **Idolen**
(schematisierten frühen Menschen-
darstellungen). In der Zugangshalle
gibt es eine hilfreiche Übersichtsta-
fel, im 1. Stock sind dann die Sammlung selbst mit etwa 350 Objekten
aus der Blütezeit zwischen 3200 und
2000 v. Chr. zu sehen, außerdem andere Marmorobjekte, Keramik und
Metallgefäße.

Der 2. Stock gehört der **griechischen Antikensammlung** von myke-
nischer/minoischer Zeit (15.–13. Jh.
v. Chr.) über die griechische Blütezeit
bis hin zu den Römern (4. Jh. n. Chr.)
in überaus attraktiver und instrukti-
ver Präsentation. Keramik (schwarz-
und rotfigurig) ist hier in hoher Quali-
tät und zahlreich vertreten.

Im 3. Stock gibt es eine interessante **Ausstellung zu Zypern**, eine Region, die künstlerisch und kulturell oft
stiefmütterlich behandelt wird, und
im 4. Stock vermittelt die multime-
dial gestaltete Ausstellung „**Scenes
form Daily Life in Antiquity**" Einblick
in verschiedenste Aspekte des antiken Alltags.

❯ O. Neof. Doúka 4, Metro-Linie 3 „Evangelismós", www.cycladic.gr/en, Mo./
Mi./Fr./Sa. 10–12, Do. 10–20, So.
11–17 Uhr, 7 €, Wechselausstellung
extra

🔟 **Byzantinisches und Christliches Museum** ★★★ [L7]

Βυζαντινό & Χριστιανικό Μουσείο

*Das dritte Museumshighlight an der
„Museumsmeile" befindet sich auf
der gegenüberliegenden Straßensei-
te im Stadtpalais der Duchesse de
Plaisance: das sehenswerte und in-
formative „Byzantine and Christian
Museum". Die Sammlung umfasst
byzantinische und christliche Kunst
vom 4. bis zum 19. Jh., darunter kostbare Ikonen des 13.–18. Jh., Skulp-
tur- und Architekturplastiken, Kleinkunst, Fresken, Keramik, Textilien,
Manuskripte und andere Dokumente,
Holzschnitzereien, liturgische Objekte und Kopien bekannter Gemälde.*

Der mehrteilige Museumskomplex
wird von einem weitläufigen, neu gestalteten **Park** mit Sitzgelegenheiten
umgeben, der auch für Veranstaltungen im Open-Air-Theater genutzt wird.
Das **Café/Restaurant Ilíssia** mit Terrasse befindet sich in einem der beiden Seitengebäude, im anderen, dem
östlichen, liegen der Zugang zur Ausstellung und ein kleiner **Museums-
laden**. Die Eintrittskarten bekommt
man in der „**Villa Ilíssia**", gegenüber
dem Eingangstor; in ihr finden auch
Wechselausstellungen statt. Sie wurde 1848 von Stamatis Kleanthes
(1802–1862) für seine Gönnerin So-
phie de Marbois-Lebran, Comptesse
de Plaisance, im Stil der Florentiner
Renaissance erbaut.

Highlight der Sammlung ist die
**weltgrößte Kollektion byzantinischer
Ikonen**, anhand derer selbst ein Laie
die Entwicklung der Ikonenmalerei
gut nachvollziehen kann. In der unterirdisch angelegten Dauerausstel-
lung wird die byzantinische Geschichte anhand von Rekonstruktionen,
Fundstücken und Schautafeln an-

schaulich chronologisch vor dem Besucher ausgebreitet. In verschiedenen Komplexen lernt man die byzantinische und christlich-orthodoxe Welt Griechenlands kennen. Der erste Teil widmet sich dem **Übergang von der Antike zur byzantinischen Epoche**, im zweiten werden verschiedene **Aspekte der byzantinischen Welt** erläutert. Der dritte Komplex befasst sich mit der **Transformation von der byzantinischen Zeit zur Moderne**, während der vierte und letzte Teil das **Verhältnis zwischen Religion und Kunst** beleuchtet.

❯ Leof. Vas. Sofías 22, Metro-Linie 3 „Evangelismós", www.byzantinemuseum.gr, tgl. 8–20 Uhr, mit Shop und Restaurant/Café Ilíssia, 8 €

🄴 **Kolonáki und Lykabettós** ⭐⭐⭐ [K5]

Κολωνάκι και Λυκαβηττός

Am Südwestabhang des Lykabettós breitet sich Kolonáki aus, einerseits ein beliebtes und teures Einkaufs- und Bummelareal, andererseits das alte Wohnviertel der Künstler und Literaten. Hier sind die Boutiquen internationaler und griechischer Designer zu Hause, außerdem Galerien, ausgefallene kleine Shops, Bioläden, schicke Straßencafés und Restaurants.

Die Hauptachse des Viertels ist die **O. Tsakálof** [J–K6], das Zentrum bildet die Platía Kolonakíou [K6], offiziell „Filikís Eterías", gleich hinter dem Benáki-Museum 🄷. Bars und Lokale sind eher teuer und fest in griechischer Hand, aber es macht Spaß, z. B. am Hauptplatz sitzend, das Treiben zu beobachten, ehe man auf Einkaufsbummel geht oder den Lykabettós erklimmt.

Dem Mythos zufolge soll **Athens höchster Hügel,** der Lykabettós (277 m), entstanden sein, als die Göttin Athena einen Fels vom Pentáli-Gebirge holte, um damit die Akropolis ❶ zu befestigen. Sie erschrak beim Ruf einer Krähe und ließ den Fels fallen. Wo er auftraf, entstand der Lykabettós, dessen Hänge 1882 bepflanzt wurden. Auf dem obersten Plateau steht als höchster, weithin sichtbarer Punkt die **Kapelle Ágios Geórgios** (1834), zu der in der Nacht vor dem Ostersonntag traditionell eine Kerzenprozession führt. Von dem aus dem Felsen vorkragenden Sporn (mit Glockenturm) bietet sich der **wohl spektakulärste Ausblick auf Athen:** von der Akropolis bis zum Olympiastadion,

☐ *„Fels in der Brandung":*
Der Lykabettós liegt im Zentrum des Viertels Kolonáki

von der Küste samt Piräus **41** bis hin zu den Bergen. Auf der Rückseite des Hügels – ein Areal, das im 19. Jh. als Steinbruch diente – befindet sich das Lykabettós-Amphitheater (s. S. 83), in dem im Sommer Konzerte und Theater stattfinden.

Es gibt zwei Möglichkeiten, auf den Lykabettós zu gelangen: Den etwas schweißtreibenden Aufstieg zu Fuß (ca. 30 Min. mit Pausen, Bänke vorhanden) oder die **Teleferík,** die Standseilbahn, die nur zwei Minuten durch einen Tunnel zur 277 m hoch gelegenen Hügelspitze braucht. Oben wartet außer dem Ausblick das **Lokal Orízontes** (s. S. 76) zur Stärkung.

> Teleferík, O. Plutárchiou, Metro-Linie 3 „Evangelismós" oder Linie 2 und 3 „Sýntagma", tgl. 9–3 Uhr, ca. alle 30 Min., Hin- und Rückfahrt 7,50 €, einfach 5 €

Kolonáki-Bummel

Rings um die Pl. Kolonakíou bieten sich Cafés/Bars wie Colonaki Tops (# 8), Lykóbrisi (# 5), Café Peros (s. S. 79, Künstlertreff) zur Pause und zum Kaffee oder Drink an, auf der O. Tsakálof lohnen z. B. Pepe Aperitivo (# 2), Ruins (# 4), T5 (# 5), Minnie The Moocher (# 6), El Rával (# 10, auch Frühstück) oder Dharma (# 7, Cocktails) an. Auch in O. Skoufá, Pindárou, Irakleítou oder Sólonos wird man schnell fündig. Die Sweet Alchemy (Irodótou 24) ist etwas für Schleckermäuler und in Yoleni's Biomarkt (s. S. 89) kann man einkaufen und einen Happen essen. So gut wie alle Lokale bieten im Sommer Plätze im Freien, sind also ideal zum Leute-Beobachten. Serviert werden Kaffee und Drinks und dazu gibt es eine mehr oder weniger umfangreiche Speisekarte.

Ausflüge in die Umgebung

Wer genug hat von dicker Luft, Lärm, Verkehr und Hektik, sollte einen Ausflug ins Umland machen. Die Palette reicht von noblen Vororten über die beliebte „Athener Riveria" **44** *im Südosten bis hin zur geschäftigen Hafenstadt Piräus* **41** *oder dem berühmten Kap Sounion* **45**.

41 Piräus ★★★

Πειραιάς

„Ich bin ein Mädchen von Piräus und liebe den Hafen, die Schiffe und das Meer. Ich lieb' das Lachen der Matrosen und Küsse, die schmecken nach See, nach Salz und Teer ..." Melína Mercóuri machte Piräus und seinen Hafen mit dem 1960 von Jules Dassin gedrehten Film „Sonntags nie" unsterblich. Der Ohrwurm „Ein Schiff wird kommen" von Mános Chatzidákis erlangte durch Stars wie Caterina Valente, Lale Andersen und Nána Moúskouri Berühmtheit.

Lediglich 10 km südwestlich des Athener Stadtzentrums gelegen und per Tram mit ihr verbunden, gleicht die Fahrt nach Piräus einem Ausflug in eine andere Welt. Die **moderne Hafenstadt** mit rund 165.000 Einwohnern im Kern und einer halben Million im Großraum ist die drittgrößte griechische Stadt nach Athen und Thessaloniki. Obwohl verwaltungstechnisch unabhängig, werden dank der „Super-Präfektur Athen-Piräus" übergreifende Entscheidungen gemeinsam getroffen.

Auffälligster Unterschied zu Athen ist das Meer, sein Geruch, die Schiffe und Fischerboote. Aber auch die Stadt selbst unterscheidet sich,

kennt kaum Tourismus (mit Ausnahme der kurzzeitig ausgespuckten Massen aus den Kreuzfahrtschiffen) und bietet **authentisches griechisches Alltagsleben.**

Im 5. Jh. v. Chr. war die Stadt als neuer Hafen Athens entstanden. Um den Zugang von Athen aus zu sichern, errichtete man die „Langen Mauern", sodass um 445 v. Chr. ein fast 200 m breiter Korridor zum Meer hin existierte. Der Hafen blühte in perikleischer Zeit auf und überstand etliche Katastrophen. Die Ernennung Athens zur Hauptstadt 1834 und der damit verbundene **Aufstieg von Piräus zum griechischen Haupthafen** sowie die Fertigstellung der Bahnverbindung nach Athen (1896) forcierten die Entwicklung.

Piräus ist ein wichtiges Handels- und Industriezentrum mit zahlreichen Werften und Fabriken, vor allem aber der größte Seehafen Griechenlands und Drehscheibe des Inselfährver-

EXTRATIPP

Rundgang durch Piräus

Mit der „Elektriki" (auch: Illektrikós, Metro-Linie 1) gelangt man in rund 30 Min. zum Hafen von Piräus. Von hier aus ist es leicht, zum Zentrum mit Rathaus und Markt, zum Archäologischen Museum **42**, zum Zéa-Hafen, zum Mikrolímano und weiter zum Fußballstadion von Olympiakós bzw. zum Stadion SEF (Stadion des Friedens und der Freundschaft) zu gehen. Von dort fährt außer der Metro auch die Tram (Nr. 4) zurück. Ein Tram-Abzweiger (Nr. 3) geht zu den Stränden im Südosten, nach Glyfáda und Voúla.

kehrs. Er gilt zudem als drittgrößter Mittelmeerhafen, als wichtiges Containerterminal und mit rund 19 Mio. Passagieren pro Jahr als **größter Passagierhafen Europas.**

Streng genommen, besteht der Hafen von Piräus, der seit Januar 2016 mehrheitlich in Besitz von COSCO (China Ocean Shipping Company) ist, aus drei Häfen: der größte ist der **Haupt- (Fähr-)Hafen Kántharos**, an dessen Piers regelmäßig Fähren zu den Kykladen, nach Kreta und zu anderen In-

☐ *Am Mikrolímano von Piräus reihen sich etliche empfehlenswerte Fischlokale auf*

seln ablegen. An der Hafenzufahrt befindet sich zudem die Anlegestelle für die neuen XXL-Kreuzfahrtschiffe.

Der Kern der Stadt, die von den beiden Hügeln Kastélla (ca. 90 m) und Aktí (ca. 40 m) überragt wird, liegt auf einer Halbinsel, begrenzt durch den Fährhafen im Westen und den jenseits der Landbrücke gelegenen **Zéa-Hafen**. Er hat antike Wurzeln und liegt wie der Mikrolímano auf der Ostseite der Stadt. Zéa war im 5. Jh. v. Chr. der Hafen der attischen Kriegsflotte und ist heute ein beliebter Jachthafen.

Der kleinste der drei, **Mikrolímano** („mikrés" = „klein"), wurde bis 1967 als „Tourkolímano" (türkischer Hafen) bezeichnet. Er ist mit seinen Fischerbooten sowie den sich ringsum aufreihenden Fischtavernen mit Sonnenterrassen über dem Wasser der malerischste der drei.

Zwischen letzgenannten beiden Häfen erstreckt sich entlang der Aktí Koundouriótou ein kleiner **Badestrand**, der fast ein wenig karibisch anmutet und besonders bei Einheimischen beliebt ist. **Kastélla** heißt das malerische Viertel, das im Hintergrund des Mikrolímano die Hänge des gleichnamigen Hügels bedeckt und sich den Charakter eines Fischerdorfs bewahrt hat.

Fischgenuss

Am Mikrolímano reihen sich Fischtavernen auf, die zwar nicht ganz billig sind, aber schöne Ausblicke und gutes Essen bieten. Ein paar Tipps sind **Jimmy's Fish** (s. S. 77), **Captain John's** (s. S. 77) oder das ausgezeichnete **Varoúlko Seaside** (s. S. 77) mit Chefkoch Leftéris Lazárou, der schon mehrfach ausgezeichnet wurde.

㊷ Archäologisches Museum ★ ★

Αρχαιολογικό Μουσείο Πειραιά

Wer bereits National- **㉚**, Akropolis- **➓** oder Agorá-Museum **⓲** hinter sich gebracht hat, wird dankbar sein für dieses überschaubare, aber nicht weniger sehenswerte Antikenmuseum. Zu den Höhepunkten der Sammlung, die sich großteils aus Funden von Ausgrabungen aus der Umgebung zusammensetzt, zählt die chronologische Reihe von **Grabstelen aus dem 5. und 4. Jh. v. Chr.** Sie ermöglicht es, die Entwicklung der Reliefkunst gut nachzuvollziehen: die zunehmende Ablösung der Figuren vom Hintergrund, die wachsende Zahl von Personen, die Änderung des Bezugs der Figuren zueinander.

Es bietet sich an, den Rundgang im OG zu beginnen, denn die Säle 3 und 4 bergen den ganzen Stolz des Museums: **Drei leicht überlebensgroße Statuen aus Bronze** – ein selten erhaltenes, da gerne eingeschmolzenes Material –, griechische Originale und nicht, wie sonst, römische Kopien. Es handelt sich um die archaische Figur des „Apollon von Piräus", um 520 v. Chr. entstanden, die älteste bekannte Großbronze überhaupt, um eine Athena mit Helm, Federbusch und eingelegten Augen (um 350 v. Chr.) sowie um die Jagdgöttin Artemis (um 330 v. Chr.) aus der Praxiteles-Schule.

Im Saal 6 beginnt dann im OG chronologisch die Serie der **Grab- und Weihreliefs**. Vor allem das Grabmonument des Chairedemos und Lykeas aus Salamis, eine Grabstele mit zwei Hopliten aus der Zeit des Peloponnesischen Krieges (420–410 v. Chr.) sowie die Grabmäler von Hippomachos und Kallias und der Philo sind sehenswert. Zurück im Erdgeschoss

„Rot", „Grün" oder „Gelb" – Sport in Athen

Keine Freundschaft gibt es zwischen Piräus und Athen in Sachen Sport. Das Traditionsteam Olympiakós Piräus, die erfolgreichste griechische Fußballmannschaft mit großer Anhängerschaft in ganz Hellas, liefert sich mit den drei Erstligisten aus der Hauptstadt – Panathinaikós, AEK und Paniónios – heiße Lokalderbys. Die Rivalitäten zwischen Roten (Olympiakós), Grünen (Panathinaikós) und Gelben (AEK) sind dabei in allen Sportarten, aber besonders im Fußball und Basketball legendär.

1925 gegründet, ist **Olympiakós** *mit derzeit 44 Titeln griechischer Fußballrekordmeister. Zu Hause sind die Fußballer im Karaiskákis-Stadion mit rund 33.300 Plätzen. Abgesehen von einem Museum (vor Spielen geöffnet) gibt es am Stadion einen großen Souvenirladen. Auch international schaffen es die Roten regelmäßig in die Champions League oder Europa League, doch ein Titelgewinn blieb bislang aus.*

Nicht ganz so erfolgreich ist die Basketballabteilung des Klubs, die es bisher „nur" auf 12 Meisterschaften gebracht hat, während der härteste Rivale **Panathinaikós** *auf stolze 35 Titel (Rekord!) verweisen kann. Das grüne Trikot von „PAO" – so die Abkürzung – haben weltberühmte Basketballer wie Níkos Gális oder NBA-Stars wie Dominique Wilkins oder Byron Scott getragen. Auch deutsche Spieler waren bei PAO aktiv: z. B. Michael Koch, Patrick Femerling und Sascha Hupmann. Die Fußballabteilung kann 20 Titel aufweisen, kämpft aber derzeit mit finanziellen Problemen.*

Die dritte Größe im Athener Sport ist **AEK**. *Die „Sportvereinigung Konstantinopel" wurde 1924 von aus der Türkei umgesiedelten Griechen gegründet. Die Fußballer erspielten sich immerhin elf Meisterschaften und gehören heute wieder zur Spitze. Auch die Basketballer können sich sehen lassen: Bei ihnen schlagen acht Titel zu Buche.*

Paniónios, *beheimatet im Vorort Néa Smýrni, tut sich schwer, mit den „großen Drei" mitzuhalten. Zu Meistrehren hat es weder im Fußball noch im Basketball gereicht.*

Übrigens: Wie viele der besten griechischen Fußballer – in der Bundesliga u. a. Sokrátis Papastathópoulos (Dortmund), Kyriákos Papadópoulos (HSV) oder Konstantínos Stafylídis (Augsburg) –, spielen auch griechische Top-Basketballer wie der nigerianischstämmige Giánnis Antetokoúnmpo (jetzt: Milwaukee Bucks/NBA) im Ausland.

● **11 Karaïskákis-Stadion,** *O. Karaolí & Dimitríou/ O. Sofianopoúlou*

❭ *Fußball:* www.olympiacos.org, www.pao.gr, www.aekfc.gr, www.panioniosfc.gr

❭ *Basketball:* www.olympiacosbc. gr, www.paobc.gr, www.aekbc.gr, http://panioniosbc.gr

❭ *Die drei großen* **Sportteams** *der Stadt unterhalten Läden in Monastiráki:*

● **12** *[G7]* **Red Store (Olympiakós Piräus),** *O. Iféstou*

● **13** *[H7]* **PAO (Panathinaikós),** *O. Pandróssou 45*

● **14** *[H7]* **AEK,** *O. Aiólou 7*

geht es in Saal 8 weiter mit attischen Grabreliefs des 4. Jh. Highlight ist das **Grabmonument aus Kallithéa**, ein Tempelchen mit zwei Hauptakteuren und Friesen (um 330 v. Chr.).

> O. Chariláou Trikoúpi 31, http://odysseus.culture.gr/h/1/eh155.jsp?obj_id=3371, tgl. außer Mo. 9–15 Uhr, 4 €

⑬ Stávros Niárchos Foundation Cultural Center (SNFCC) ★★★

Κέντρο Πολιτισμού Ίδρυμα Σταύρος Νιάρχος (ΚΠΙΣΝ)

Kallithéa heißt „schöner Ausblick", doch damit hat der Athener Vorort zuletzt kaum noch punkten können – zu wenig war sonst geboten. Seit 2017 gibt es nun hoch über der vielbefahrenen Stadtautobahn, im Süden, eine neue Attraktion, die einen grandiosen Ausblick auf den Saronischen Golf und Piräus ㊶ bietet – aber nicht nur das!

Die Anfahrt ist eher unspektakulär: Die Haltestelle der Straßenbahn befindet sich quasi mitten auf der Autobahn, einen eigentlichen Fußgängerüberweg gibt es nicht. Zum Glück ist das im Februar 2017 eröffnete

Stávros Niárchos Foundation Cultural Center (SNFCC) unübersehbar – und ein **Beispiel, wie Athens Zukunft aussehen könnte.**

Die Stávros Niárchos Foundation – die Stiftung des gleichnamigen Reeders und Kunstsammlers – hat den 566 Mio. € teuren Bau 2017 dem griechischen Staat übergeben, als Kompensation für die staatlichen Kulturinstitutionen, die unter dem Druck der Wirtschaftskrise schließen mussten.

Geplant vom Büro des weltberühmten italienischen Architekten **Renzo Piano**, befinden sich im höheren, südlichen Teil des verglasten Gebäudes **Veranstaltungs- und Ausstellungsräume** sowie die **Bühne der Nationaloper**, im flacheren nördlichen die neue **Nationalbibliothek**. Beide Teile sind durch ein hohes Eingangsatrium mit Café (Agorá Bistro), und Laden verbunden. Ein **Platz** und ein künstlich angelegter **Kanal**, an dem im Sommer Foodtrucks stehen, sind vorgelagert.

Umrundet man den Bau, gelangt man in die rund **170.000 m² große Parklandschaft mit** einheimischer Fauna – Oliven-, Feigen- und Granatapfelbäumen, duftenden Kräutern

027at-mb

und Büschen –, mit Openair-Bühne, Rasen- und Erholungsarealen sowie Fitness- und Spielareal. Ein begrünter Hang führt rampenartig hinauf zu einer **Aussichtsplattform** in 32 m Höhe, genannt „**Lighthouse**" – zugleich der oberste Abschluss des Gebäudes. Das Dach gleicht einem Sonnensegel, bestehend aus einer 2 cm dünnen Schale – die bislang dünnste, flächenmäßig größte Stahlbetonkonstruktion dieser Art! Gewölbt wie ein Flugzeugflügel, ist sie wegen möglicher Erdbeben federnd aufgehängt.

Von der Terrasse aus, die auch für Konzerte, Veranstaltungen und Ausstellungen genutzt wird, bietet sich ein **grandioser Ausblick auf den Saronischen Golf und Piräus** ④, aber auch auf die Olympischen Sportanlagen von 2004 und auf die Stadt Athen. Es gibt ein Terrassencafé, das Pharao Café, Sitzgelegenheiten und einen Leseraum im zentralen Glaspavillon.

›Leof. Andréa Syngroú 364, Kallithéa, Tram Nr. 4 ab Sýntagma bis „Tzitzifiés", www.snfcc.org, mit mehreren Cafés/ Lokalen und Laden

›Visitor Center: O. Evripídou 6, SO- Ecke des Parks am Ende des Kanals, tgl. 9–11 Uhr, mit Café Canal (frische, lokale Zutaten und kreative Gerichte, tgl. 9–1 Uhr)

◁ *Das neue SNFCC ist schon im Hinblick auf Architektur und Lage spektakulär!*

④④ Athener Riviera – Apollon-Küste ★★

Αθηναϊκή Ριβιέρα

Den etwa 70 km langen Küstenstreifen von Piräus ④, vorbei am alten Flughafen (Olympiagelände Ellinikí) und mit Orten wie Glyfáda, Voúla, Vouliagméni oder Várkiza, bis fast zum Kap Sounion ④⑤ reichend, nennt man „Apollon-Küste" oder „Athener Riviera". Anlässlich der Olympischen Spiele 2004 entstand dort ein **Strand- und Promenierareal** von den olympischen Stätten im Fáliron-Delta südwärts bis Vouligaméni, großteils per Tram erschlossen. Athen am nächsten gelegen ist der Küstenort Néo Fáliro, die Orte südlich von Glyfáda bis Vouliagméni hingegen bieten sich auch für längere Erholungsaufenthalte an.

EXTRATIPP

Strandurlaub

Perfekt für ein paar Tage Strandurlaub nach anstrengender Stadtbesichtigung sind besonders zwei Hotels, die auch bei deutschen Reiseveranstaltern im Programm stehen:

🏨 15 **Grecotel Cape Sounio** €€€, Lávrion (Linienbusverbindung), Tel. 2292069700, www.capesounio.com. Komfortables Resorthotel mit Freizeitangebot. Schön mit Grün umgeben am Rand des Sounio National Park gelegen, mit Pools, Spa, Suiten, Villen und Bungalows.

🏨 16 **Vouliagmeni Suites** €€, O. Panós/Chlóis 8, Vouliagméni (Linienbusverbindung), Tel. 2108964901, www.classicalhotels.com. 35 große, modern ausgestattete Zimmer und Suiten, mehrere Bars und großer Whirlpool auf dem Dach. Komfort in schickem Ambiente.

Die Strände stehen großteils unter staatlicher Aufsicht, einige weisen blaue Flaggen für guten Qualitätsstandard auf. Sie sind von April bis Oktober gegen Gebühr zugänglich, einige sind „public beaches" und gratis. Die Ausstattung ist unterschiedlich, oft gehören Umkleidekabinen, Duschen und Snackbars dazu.

Glyfáda liegt fast am Ende der Tramlinie und ist ein beliebter Ausflugsort mit Jachthäfen und Stränden. Am kleinen Fischerhafen kann man nicht nur dem bunten Treiben zusehen oder sich am Strand ausstrecken, hier locken auch typische Fischtavernen wie To Maridáki (s. S. 77) mit frischen Leckerbissen.

Glyfáda wird auch **„Little Miami"** genannt und besonders entlang des zentralen Leof. Angélou Metaxá mit seinen Nebengassen pulsiert in kleinen Läden und Shoppingcentern, Cafés, Bars und Restaurants das Leben.

❯ **Anfahrt:** Tram Nr. 5 ab Sýntagma

45 Kap Sounion ★★

Ακρωτήριο Σουνίου

Kap Sounion (auch „Sunion") liegt etwa 75 km südöstlich von Athen. Die Lage des **Poseidon-Tempels** und die **unvergleichlichen Sonnenuntergän-**ge sind einzigartig, dazu locken einige kleine **Strände**. Auf dem Felsvorsprung von Kap Sounion befand sich seit der Frühzeit ein Poseidon-Heiligtum, dessen Zentrum der viel gerühmte Tempel markiert. Das ganze Areal steht als „Sounio National Park" unter Schutz. Es ist besonders das Baumaterial – glitzernder grobkörniger, strahlend-weißer Marmor aus dem nahen Agriléza-Tal –, das schon früh Griechenlandreisende fasziniert hat. Eine Siedlung umgab das Heiligtum, von ihr existieren leider nur spärliche Überreste.

Der erste nachweisbare Poseidon-Tempel war nach 490 v. Chr. entstanden, doch bereits vor seiner Fertigstellung zerstört worden. Um 440 v. Chr. folgte der heute noch teilweise erhaltene Tempel in dorischer Ordnung mit 6 x 13 Säulen. Er ist dem Hephaisteion auf der Agorá **18** derart ähnlich, dass man für beide Bauten denselben Architekten vermutet.

❯ **Anfahrt:** K.T.E.L.-Busse (s. S. 127) ab O. Mavrommatéon/Alexándras nahe Archäologisches Nationalmuseum **30**, tgl. 9/9.30 Uhr bis Sonnenuntergang, 8 €

⌂ *Poseidon-Tempel am Kap Sounion*

ATHEN
ERLEBEN

Athen für Kunst- und Museumsfreunde

*Griechenland ist die Wiege der abendländischen Kultur, Athen ihr Nukleus. Es ist daher auch die Antike, die einem auf Schritt und Tritt begegnet, riesige Ausgrabungsareale, sehenswerte Antikenmuseen, allen voran das Akropolis-*❿ *und das weltberühmte Archäologische Nationalmuseum*❸⓿*. Dazu kommen einige weniger bekannte Museen zu Stadtgeschichte, Volkskunst und moderner und zeitgenössischer Kunst.*

Öffnungszeiten

Die Öffnungszeiten variieren je nach Saison und Objekt und sind **alles andere als zuverlässig oder einheitlich.** Als Anhaltspunkt kann gelten, dass im Sommer größere Sehenswürdigkeiten meist von 9 bis 20 Uhr geöffnet sind (Mo. gelegentlich nur nachmittags bzw. verkürzt), kleinere nur bis 14 oder 15 Uhr. In der Nebensaison (Nov.–März) schließen die meisten Museen und Ausgrabungsstätten früher, zwischen 15 und max. 17 Uhr. Fast alle Sehenswürdigkeiten sind **an kirchlichen Feiertagen geschlossen.**

Abhängig von Personalsituation, Budget, Renovierungsbedarf, Wetter oder Streiks oder anderen Unwägbarkeiten können sich die Zeiten auch kurzfristig ändern. Die in diesem Buch angegebenen Zeiten müssen daher mit Vorsicht genossen werden, selbst die Websites sind diesbezüglich nicht immer up to date.

◁ *Die sog. Evzonen (s. S. 52) „bewachen" das Athener Parlament*❸❹

Museen und Ausgrabungsstätten

Die **Ticketpreise** sind insgesamt moderat. Die meisten kleineren Museen verlangen 4 oder 5 € Eintritt, größere 6 bis max. 20 €. Für Athenbesucher bietet sich das Kombiticket für 30 € (ermäßigt 15 €) an. Es gilt fünf Tage und umfasst die wichtigsten archäologischen Stätten: Akropolis ❶, Agorá ⓲, Kerameikós ⓯, Olympieion ⓬, Hadrians-Bibliothek ㉑ und Römische Agorá ㉒.

Eine **Ermäßigung von 50 %** erhalten Senioren über 65, EU-Studenten mit internationalem Studentenausweis. Kinder und Schüler unter 18 Jahren bezahlen keinen Eintritt. Von Anfang November bis Ende März ist an Sonntagen der Eintritt frei, das Gleiche gilt an bestimmten Feiertagen.

Archäologische Stätten

⓲ [G7] **Agorá.** Das antike Zentrum der Stadt, heute ein weitläufiger Park mit vielen Ruinen, die beim Durchwandern etwas Fantasie bedürfen (s. S. 35).

❶ [H8] **Akropolis.** Der weltberühmte ehemalige Burgberg mit faszinierendem Ausblick und Bauten wie dem Parthenon ❹ oder dem Erechtheion ❺ ist ein „Muss". Dazu gibt es an den Hängen Theater und kleinere Heiligtümer zu sehen (s. S. 14).

❼ [H8] **Dionysos-Theater und -Heiligtum.** Der Prototyp eines antiken Theaters ist eine der Geburtsstätten der griechischen Tragödie (s. S. 23).

⓯ [F6] **Kerameikós.** Das antike Töpferviertel und der Friedhof lagen einst vor den Toren der Stadt (s. S. 32).

Ⓜ17 [K7] **Lyceum des Aristoteles,** O. Rigíllis/Leof. Vas. Georgíou B, nahe dem Athener Konservatorium, tgl. 8–20 Uhr, Eintritt frei. 1996 entdeckte man das Heiligtum des Lykischen Apollo – daher der Name –, in dem 335 v. Chr. Aristoteles seine Philosophenschule gegründet haben soll.

⓬ [I8] **Olympieion.** Reste des mächtigsten griechischen Tempelbaus der Antike (s. S. 30).

㉒ [H7] **Römische Agorá.** Zeugnis der römischen Blütezeit mitten in der Pláka ⓴, mit mehreren Gebäuden wie der **Hadrians-Bibliothek** ㉑.

Museen

❯ **Agorá-Museum** (s. S. 38). Ausstellung der Agorá-Funde und sehenswerter Modelle in der wiedererrichteten Attalos-Stoá.

⓾ [H8] **Akropolis-Museum.** Das wohl attraktivste Museum Athens birgt die Schätze der Akropolis (s. S. 27).

㉚ [I4] **Archäologisches Nationalmuseum.** Weltgrößte Sammlung griechisch-antiker Kunst, ein – zugegebenermaßen überwältigendes – Muss (s. S. 47)!

🏛18 [I6] **Athener Stadtmuseum,** O. I. Paparrigopoúlou 71, www.athenscitymuseum.gr/en, Mo.–Fr. 9–16, Sa./So. 10–15 Uhr, 5 €. Diese Sammlung gibt einen guten Einblick in die Stadtgeschichte. Mit interessantem Stadtmodell.

🏛19 [H7] **Athener Universitätsmuseum (Athens University Museum),** O. Thólou 5, www.historymuseum.uoa.gr, Mo.–Fr. 9.30–15 Uhr, Eintritt frei. Kleines Museum, das sich v. a. mit der Entstehung der Uni in einem historischen Bau in der Pláka befasst, der 1833 als Büro der Architekten Stamátios Kleánthis und Eduard Schaubert erbaut und 1837–1841 als Unisitz diente.

㊲ [K7] **Benáki-Museum.** Ungewöhnlich vielseitige private Kunstsammlung mit Stücken von der Antike bis zur Neuzeit (s. S. 54). Filialen, u. a. Museum of Islamic Art (siehe http://benaki.gr).

EXTRAINFO

Athens City Pass

Vom Athens City Pass gibt es **verschiedene Varianten** – Mini, Classic und Complete – wobei immer freier Eintritt in das neue Akropolis-Museum ⓾, eine Hop-on-Hop-off-Stadtrundfahrt (s. S. 119), Stadtführungen im Sommer und Ermäßigungen in Museen u. a. Rabatte enthalten sind. Bei den beiden teureren Varianten ist auch der Nahverkehr für 72 Stunden inkludiert, ebenso freier Eintritt in die Hauptausgrabungsstätten und Museen. Besucher sollten genau prüfen, ob sie die Angebote während des Aufenthalts auch nutzen können bzw. möchten.

❯ Infos und Bestellung: www.turbopass.de/athen-city-pass, 29,90–112,90 €

🏛20 [H7] **Benizélou Mansion,** O. Adrianoú 96, Di./Do. 10–13, So. 11–16 Uhr, Eintritt frei. Ältestes erhaltenes Haus aus osmanischer Zeit. Hier war auch die Stadtpatronin, die hl. Philothéa, zu Hause.

㊴ [L7] **Byzantinisches und Christliches Museum.** Umfassende Sammlung, die über die byzantinische und frühchristliche Epoche in Athen informiert (s. S. 56).

❯ **Epigrafisches Museum,** O. Tosítsa 1 (im Bau des Archäologischen Nationalmuseums ㉚), http://odysseus.culture.gr/h/1/eh155.jsp?obj_id=3348, Di.–So. 8–15 Uhr, 2 €. Inschriften aller Art, im Freien und unter Dach.

🏛21 [I7] **Frissiras-Museum,** O. Monís Asteríou Tsangíri 3/7, Ecke O. Kidathinéon, Mi.–Fr. 10–17 Uhr, Sa./So. 11–17 Uhr, 6 €, www.frissirasmuseum.com. Privatmuseum mit zeitgenössischer europäischer Kunst und Wechselausstellungen.

🏛22 [H7] **Goulandrís Museum of Natural History und Gaia Centre (GNMH),** O. Levídou 13, Kifissiá, www.gnhm.gr/en,

030at-mb

außer Juli/Aug. Di.–Fr. 9–14.30, Sa./So. 10–15 Uhr, 6 €. Museum mit modernem Gaia Centre zu Flora/Fauna, Umwelt- und Tierschutz, Ressourcen und Ökosystemen.

🏛23 [H3] **Hellenic Motor Museum,** O. Ioulianoú 33–35/O. Septemvríou 74–78, www.hellenicmotormuseum. gr/en, Mo.–Fr. 10–14, Sa. 11–18, So. 11–18 Uhr, 6 €. Ausstellung mit über 100 historischen Autos des 19. und 20. Jh. in einem sehenswerten Art-déco-Bau im Herzen der Neustadt, nahe dem Nationalmuseum.

🏛24 [I6] **Historisches Nationalmuseum,** O. Stadíou 13, Di.–So. 8.30–14.30 Uhr, 3 €, www.nhmuseum.gr/en. Im Alten Parlament erhält man anhand von Dokumenten, Fotos, Bildern und Relikten einen umfassenden Überblick über die frühe Geschichte der griechischen Republik.

32 [J6] **Ilíou Mélathron – Numismatisches Museum.** Gute Einführung in die Geschichte des Geldes im ehemaligen Wohnhaus des deutschen Archäologen Heinrich Schliemann (s. S. 50).

🏛25 [E6] **Industrial Gas Museum,** O. Pireós 100, www.technopolis-athens. com/web/guest/museum, Di.–So. 10–18, im Winter bis 20 Uhr, Eintritt frei. 13 Stopps auf dem ehemaligen Industriegelände von Gázi **17** weihen in Geschichte und Funktion des historischen Gaswerks ein.

16 [E6] **Kerameikós-Museum,** O. Ermoú 148. Kleine, aber sehenswerte Sammlung der Grabungsfunde des Kerameikós **15**, v. a. Keramik und Grabstelen (s. S. 34).

❯ **Kommunale Galerie Athen.** Kleine Kunstsammlung der Stadt in der ehemaligen Seidenfabrik im alternativen Viertel Metaxourgío **28**.

38 [K7] **Museum of Cycladic Art.** Hier findet sich u. a. die umfangreichste und bedeutendste Sammlung kykladischer Kunst (Idole) in attraktiver Präsentation (s. S. 55).

🏛26 [I7] **Museum of Greek Children's Art,** O. Kódrou 9, Di.–Fr. 10–14, Sa. 11–14 Uhr, 3 €. Ausstellungen von Kinderkunst in der Pláka. Zudem finden hier Workshops, Malkurse u. a. Veranstaltungen statt.

❯ **Museum of Greek Folk Art (Museum für griechische Volkskunst):** s. S. 41

🏛27 [F7] **Museum Herakleidon,** O. Iraklidón 16 (Thissío), www.herakleidon-art.gr, Mo.–So. 10–18, Do. 10–20 Uhr, 6 €. Privatmuseum in einem klassizistischen Bau mit Innenhof und Shop. Interaktive Kinderausstellung „I Play and Understand", Abteilung zur Geschichte

▱ *Hier gibt es eine grandiose Sammlung kykladischer Kunst, vor allem Idole, zu sehen*

Street-Art-Metropole Athen

Statuen für Nationalhelden oder Persönlichkeiten sind nichts Ungewöhnliches, aus dem Rahmen fallen in Athen die Metro-Stationen. Einerseits zeigen sie antike Funde wie in „Sýntagma" [J7] oder „Akrópoli" [H8], andererseits hat hier moderne Kunst Platz gefunden, z. B. in „Metaxourgío" **28** oder „Evangelismós" [L7].

Für das größte Aufsehen in der Kunstszene sorgt jedoch die kreative „Sprayerszene". Athen dürfte, was Graffiti angeht, derzeit in Europa führend sein. Waren es früher besonders politische Parolen und Schmierereien, die Hauswände oder Rollläden schmückten, ist es jetzt „Street-Art", der öffentliche Raum wird zur Leinwand und zum Sprachrohr. Während in Exárchia noch die Parolen dominieren, finden sich in Gázi **17**, Psirrí **26**, Kerameikós **15**, in Metaxourgío und auch in Piräus **41** und Anafiótika **23** sehenswerte Wandmalereien.

Mit wachsender Krise mehrten und vergrößerten sich die Werke, inzwischen soll es rund 2000 Wandgemälde geben. Oft haben die Künstler an der Athens School of Fine Arts gelernt, einer Kunstschule, an der es sogar eine Fachrichtung „Street-Art" gibt. Auch das Kulturzentrum Technópolis birgt Galerien und Werkstätten für Straßen-

künstler, Athen ist Austragungsstätte des Internationalen Graffiti-Festivals und es gibt „Mural-Tours" (siehe Alternative Tours of Athens, S. 120).

Die Street-Art-Szene boomt. Einer von Athens berühmtesten Graffiti-Künstlern ist Raid, der auch als Nebendarsteller beim legendären Hip-Hop-Film „Wild Style" auftrat. Angesagt ist auch iNO, der überzeugt ist, dass Graffiti am meisten über eine Stadt erzählen kann. Fíkos integriert in seine Werke gerne griechische Mythologie oder byzantinische Elemente – er hat schon als Kirchenmaler gearbeitet. Ein weiterer großer Name ist Stamátis Láskos, der auch als Illustrator für das Magazin „The New Yorker" tätig ist. Bekannt für politische Aussagen sind Bleeps und Nomenhior. Billy Gee ist nicht nur Street-Artist, er gilt auch als Spitzen-Skateboarder. Kräftige Farben und einfache Formen zeichnen Cacao Rocks aus, einen Künstler, der u. a. von Keith Haring beeinflusst ist. Großformatige, häufig sehr realistische Kinderporträts schafft STMTS, während Yiakou als der Poetische und Verträumte unter den Künstlern bekannt ist.

› Infos: www.widewalls.ch/10-street-artists-from-greece bzw. www.blocal-travel.com/street-art/as-seen-on-streets-of-athens-street-art-html

031at-mb

der griechischen Seefahrt, zu Schiffs-
bau und Handel, u. a. 40 originalgetreue
Schiffsmodelle von der Antike bis ins 20.
Jh., vielerlei Veranstaltungen und Work-
shops sowie Wechselausstellungen. Mit
Annex für Wechselausstellungen, um die
Ecke, Zugang: O. Ap. Pávlou 37.

28 National Gallery, Leof. Vas. Konstantínou 50, www.nationalgallery.gr. Große
Sammlung moderner Kunst, die derzeit wegen Expansion und Renovierung
geschlossen ist.

29 [H10] National Museum of Contem-
porary Art (EMST), Leof. Kallirróis/O.
Frantzí, www.emst.gr, Di.–So. 11–19
Uhr, Eintritt frei. Ungewöhnliche Wechselausstellungen moderner Kunst in
umgestaltetem Gebäude auf dem
Gelände der ehemaligen Fix-Brauerei.

14 [G8] Nationales Observatorium auf
dem Areopag. Sternwarte und interessante Ausstellungen zur Astrologie.

032at-mb

30 [H7] Paul & Alexandra Kanelló-
poulos Museum, O. Theorías 12, www.
pacanellopoulosfoundation.org, Di.–So.
8–15 Uhr, 2 €. Kleines, aber feines und
hochkarätig bestücktes Privatmuseum
mit antiker und byzantinischer Kunst,
untergebracht in einem klassizistischen
Wohnbau mit modernem Anbau in der
oberen Pláka.

Kulturzentren

31 [E7] Melína Merkoúri Cultural Center,
O. Iraklidón 66/Thessaloníkis, tgl. 9–13
und außer So./Mo. auch 17–21 Uhr.
Dauerausstellungen zum Karagiózis-
Schattenpuppen-Theater (Figoúres kai
Koúkles, s. S. 84), außerdem Wech-
selausstellungen, Konzerte u. a. Veran-
staltungen in der ehemaligen Hutfabrik
„Poulópoulos".

32 [F11] Onassis Cultural Centre, Leof.
Andréa Syngroú 107, www.sgt.gr/eng/
SPG1. Kulturzentrum der Onassis-Stif-
tung, jedoch nur zu Veranstaltungen und
Restaurantbesuch (Sternelokal „Hytra")
lohnend.

❯ Romántso (s. S. 46). Alternatives Kulturzentrum mit Café im ebenfalls alternativen Viertel Geráni **27**.

43 Stávros Niárchos Foundation Cultural
Center (SNFCC). Grandioser neuer Bau
am Meer, in dem Nationaloper und Nationalbibliothek beheimatet sind. Fan-
tastischer Ausblick und schöner Park
(s. S. 62).

❯ Technópolis City of Athens (s. S. 34).
Wechselnde Ausstellungen und vielerlei Veranstaltungen in einem ehemaligen Gaswerk aus dem 19. Jh. im Nightlife-Viertel Gázi **17**. Außerdem Indust-
riemuseum (s. S. 68), Galerien und
Werkstätten.

◁ *Das Onassis Cultural Centre bietet
ein vielseitiges Kulturprogramm*

Athen für Genießer

Längst beschränkt sich die kulinarische Palette Athens nicht mehr allein auf Oliven, Schafskäse und Joghurt, Souvlaki, Gyros und Moussaká. In Athen hat sich in den letzten Jahren gastronomisch viel getan und die Stadt hat den Ruf einer **kulinarischen Hochburg** mit „Greek Nouvelle Cuisine" und kreativer Weltküche, kombiniert mit guten Weinen, erworben.

Essen und Trinken

Das Angebot der **Tavernen in der Pláka** ❷⓿ ist weitgehend identisch, die Preise im Vergleich zu anderen europäischen Metropolen moderat. Geboten wird griechische Kost, die Palette reicht von Choriátiki (Bauernsalat) über Moussaká oder Pastítsio (Auberginen-Kartoffel- bzw. Nudel-Hack-Auflauf) zu Stifádo (eine Art Gulasch), Gyros, Souvlaki oder Lammkoteletts. Entdeckungen lassen sich eher außerhalb der Pláka machen, z. B. in Psirrí ❷❻, um den Zentralmarkt oder in Kolonáki ❹⓿.

Lokaltypen und Besonderheiten

Die Übergänge zwischen **Tavérna** (Wirtschaft) und **Estiatório** (Restaurant) sind fließend. In einer **Psistariá** wird überwiegend Gegrilltes serviert, in einer **Psarotavérna** Fisch und Meeresfrüchte. **Kafen(e)ía** (traditionelle griechische Cafés) – ursprünglich spartanisch ausgestattete Männertreffs – sind in Athen weitgehend durch schicke Snackbar-Cafés abgelöst worden, daneben gibt es **Mezedepolien/Ouzerien**, Treffs eines eher jungen Publikums, meist ebenfalls mit einer mehr oder weniger umfangreichen Speisekarte. Vor einer Tasse Kaffee und einem Glas Wasser,

Gastro- und Nightlife-Areale
Bläulich hervorgehobene Bereiche in den Karten kennzeichnen Gebiete mit einem dichten Angebot an Restaurants, Bars, Klubs, Discos etc.

abends auch bei Ouzo und **Mezédes** (kleinen kalten oder warmen Häppchen) kann man quasi beliebig lange sitzen und die Leute beobachten. Einen Unterschied zwischen Café und Bar gibt es eher nicht: Tagsüber trinkt man hier Kaffee, zu späterer Stunde Hochprozentiges oder Cocktails.

Eigentlich ein **Imbiss** sind Souflaki (Fleischspießchen) oder Gyros (Pita-Brotfladen mit Huhn oder Schwein vom großen Spieß plus Tzatzíki, Tomaten, Zwiebeln etc.), preiswert und immer frisch überall erhältlich. In Cafés und Snackbars, z. B. der verbreiteten Ketten Grigoris oder Everest, gibt es nur wenige Sitzgelegenheiten, dafür Pasteten, Sandwiches, Gebäck, Kaffee und Softdrinks zu günstigem Preis. „Echte" **Bäckereien** (Artopolíon) und **Konditoreien** (Zacharoplastíon) sind „authentischer" und verkaufen neben Brot typisch griechische Kekse, Kuchenstückchen, Rizógalo (Reispudding), Galaktoboúreko (Creme-Blätterteig-Pastete) und salzige oder süße Pasteten bzw. Teigtaschen. Mehrere Filialen in der Stadt betreibt z. B. To Choriátiko (u. a. Pl. Omónias ❷❾).

An jeder Straßenecke und sogar sonntags werden an gelben Straßenständen **Kouloúri**, die typischen Sesamkringel, preiswert verkauft, außerdem Loukoumá(de)s (frittierte Heferinge) und manchmal auch Stafidópsomo (Rosinenbrötchen). **Obststände, Maroni- und Maisverkäufer** sowie Nusswägelchen sind ebenfalls überall zu finden.

033at-mb

Essenszeiten

Das **Frühstück** spielt in Griechenland mit Ausnahme von Kaffee keine Rolle. Hotels bieten je nach Kategorie schlichten Marmeladentoast und Joghurt mit Honig (*Yaoúrti me méli*) oder auch ein üppiges Büfett. Zu **Mittag essen** die Griechen zwischen 14 und 17 Uhr, das **Abendessen** wird nie vor 21 Uhr eingenommen. Viele Lokale öffnen nicht vor 19 oder 20 Uhr, dann herrscht Hochbetrieb bis nach Mitternacht. Einige Lokale schließen im Sommer, viele sind sonntags geschlossen. In Toprestaurants ist eine Reservierung üblich, ansonsten eher nicht (bzw. nur für Gruppen).

Essen im Restaurant

Die **Speisekarte** (*katálogo*) ist meist zweisprachig (Griechisch und Englisch) und die Preise beinhalten die landesüblichen **Steuern und Servicegebühren**, hinzu kommt manchmal ein geringer Aufpreis für das Gedeck (Brot – *psomí* und Wasser – *neró*). **Bestellung** direkt an einer Warmhaltetheke oder in der Küche ist selten geworden. Zu Fleisch oder Fisch, oft vom Grill, werden die Beilagen, v. a. Kartoffeln (*patátes*), aber auch Nudeln oder Reis, extra bestellt. Preiswerter sind die diversen Gemüseaufläufe und Eintöpfe, die meist den ganzen Tag über in Kasserollen oder Töpfen warm gehalten werden.

(Land-)Wein wird manchmal noch offen ausgeschenkt und man bestellt einen halben (*misó kiló*) oder einen Liter (*éna kiló*) roten (*kókkino*) oder – meist die bessere Wahl – weißen Wein (*áspro*), den man dann in einer Karaffe mit Gläsern serviert bekommt. Die attischen Flaschenweine sind sehr gut, aber teurer. An **Bier**, das ebenfalls relativ teuer ist, gibt es v. a. Mythos, Fix, Alpha und Amstel.

△ *Typisch griechisch: „Pastítsio"* (Nudelauflauf), „Chórta" (Wildgemüse) und Choriátiki (Bauernsalat)

Da in Griechenland immer noch rund 40 % der Bevölkerung rauchen, wird ein 2010 in Kraft getretenes Gesetz bzgl. Rauchverbot in öffentlichen Gebäuden wie Büros, Restaurants und Bars sowie in Taxis und Fähren in der Praxis nicht sehr ernst genommen. Es gibt genügend Hotels mit „Raucherzimmern" und in Restaurants haben eher Nichtraucher Probleme. Zum Glück ist das Klima mild und man kann einen Großteil des Jahres im Freien essen oder trinken (und dort dem Rauch entgehen bzw. dort legitim rauchen). Meist genügt ein Blick in den Speiseraum: Stehen Aschenbecher auf dem Tisch? Über eine gute Auswahl an Rauchwaren verfügt

33 [G6] **El Habanero Salón de Tabaco**, O. Ag. Anargíron 1/ Pl. Psirrí, www.elhabanero.gr

Die Bestellung kommt meist gleichzeitig auf den Tisch, man bedient sich gemeinsam und zahlt zusammen die Rechnung *(to logariasmó)*. Ein **Trinkgeld** (aufgerundet bis ca. 10 %) wird auf dem Tisch zurückgelassen. Auch Zimmermädchen, Gepäckträger, Taxifahrer und andere Dienstleister freuen sich über Trinkgeld.

Empfehlenswerte Lokale

Abgesehen von griechischem Essen ist die **italienische Küche**, v. a. Pizza, beliebt, außerdem findet man öfters **Asiatisches**. Ansonsten ist „Weltküche" eher den feineren Restaurants vorbehalten. Die meisten Lokale sind mittags und abends geöffnet, andernfalls werden Öffnungszeiten angegeben. Bei gutem Wetter stellen viele Restaurants, v. a. in der Pláka **20**, im Freien Tische auf.

Griechische Tavernen/Ouzerien
... in der Altstadt

34 [F7] **Athenaion Politeia Café** €–€€, O. Apostólou Pávlou 33. Schön gelegen an der Archäologischen Promenade **11**, daher tolle Ausblicke auf Akropolis und Umgebung. Viele Mezédes (s. S. 71) und schöne lokale Käseauswahl.

35 [G7] **Avissinia Cafe** €, O. Kinétou 7/ Pl. Avissínis. Kleines Bistro in der Pláka, schön zu Frühstück oder Lunch, v. a. prima Mezédes wie *gávros* (marinierte Anchovis) oder gefüllte Datteln.

36 [I8] **Daphne's Restaurant** €€–€€€, O. Lisikrátous 4, Tel. 2103227971. Das Ambiente ist dank Fresken und Innenhof ungewöhnlich, daher geht hier auch die Athener Prominenz ein und aus. Bekannt für griechische Delikatessen wie Lamm-Souflaki, Kaninchen-Stifado (Gulasch) usw. Nur abends geöffnet.

37 [G7] **Dia Tafta** €€, O. Adrianoú 37. Eine Mischung aus Ouzerie und Mezedepoleion, aber auch gut zum Essen oder nur um einen Kaffee zu trinken und den Trubel drumherum zu beobachten – und dabei genießt man den Blick auf Agorá und Akropolis.

38 [G7] **Díavlos** €, O. Adrianoú 1. Traditionelle Taverne mitten im Trubel, dennoch gemütlich und mit Blick über Agorá und Akropolis. Es gibt traditionelle Gerichte zu günstigen Preisen.

39 [G7] **Dioskoúri** €€, O. Adrianoú 37–39. Gerade bei den jungen Athenern sehr geschätze Ouzerie, in der man schön schattig direkt am Rand der antiken Agorá sitzt. Große Auswahl an klei-

Restaurantkategorien
Richtwert für ein Menü für zwei Personen inkl. Getränk:

€	unter 30 €
€€	30–50 €
€€€	50 € und mehr

nen (aber auch größeren) Gerichten und Getränken.

40 [G7] **Kallipáteira** €-€€, O. Ástingos 8. In einer Seitenstraße in Monastiráki gelegene gemütliche, schlichte Taverne mit v. a. kleinen Gerichten (Mezédes), dazu Hauswein vom Fass.

41 [G6] **Oraía Pentéli** €-€€, Pl. Iróon. Beliebte Taverne in einem historischen Bau am Hauptplatz von Psirrí mit Tischen im Freien. Traditionell-griechische Gerichte aus regionalen, frischen Produkten zu guten Preisen, dazu abends Livemusik.

42 [G6] **Psitopoleío O Nikítas** €, O. Ag. Anargýron 19. Einst nur ein Souvlaki-Imbiss, heute eine kleine, gemütliche und auch bei Athenern beliebte Taverne mit griechischer Hausmannskost, vor allem Souvlaki und Gyros, aber auch Moussaká und mehr zu günstigen Preisen.

43 [I7] **Saíta** €-€€, O. Kidathinaíon 21. Gemütliche familienbetriebene Kellertaverne mit Tischen auf der Straße. Neben Retsína vom Fass ist der Schweinebraten mit Staudensellerie in Ei-Zitronen-Sauce eine Spezialität, vorher gibt's z. B. leckere Weinblätter. In einer ruhigen Ecke der Pláka.

44 [H7] **Scholiarchío Ouzéri O Koúklis** €€, O. Tripódon 14. In der Nachbarschaft der byzantinischen Kirche Ág. Nikólaos gelegene Ouzerie. Das Lokal mit Terrasse nimmt zwei Etagen in einem klassizistischen Haus ein, das schon seit 1935 als Taverne dient. Die Mezédes werden vom Kellner gebracht und man kann auswählen, außerdem preiswerte Menüs inkl. Getränk.

45 [H7] **Tavérna Plátanos** €€, O. Diogénous 4. Eine der ältesten Pláka-Tavernen (seit 1932) nahe der Turm der Winde (s. S. 42). Bekannt für solide Fleischgerichte (schmackhaftes Rind und Lamm), dazu Retsína vom Fass. Hier kann man schön im Freien sitzen!

46 [G6] **Tavérna tou Psirrí** €, O. Aischílou 12. Legendäres Lokal, gemütlich mit Memorabilien ausgestattet. Tische im Freien. Serviert werden viele gute Vorspeisen, aber auch viele Gemüsegerichte, wie *gemistés* (gefüllte Paprika/Tomate) und Tagesgerichte (man kann alles an der Theke anschauen!). Dazu Wein vom Fass.

47 [H7] **To Kafenío** €€, O. Epichármou 1. Ursprünglich ein Kafenío in einem

☑ Gerade in der Altstadt verfügen die meisten Tavernen über Tische im Freien

alten Pláka-Gebäude, jetzt gemütliches Lokal mit Tischen in der Gasse. Bekannt für Getränkespezialitäten wie diverse Tsípoura und Ouzos, viele Mezédes und gelegentlich Wein-Veranstaltungen.

48 [G7] **To Koutí** €–€€, O. Adrianoú 23. Beliebtes Restaurant in der Nähe der Griechischen Agorá mit Blick auf die Akropolis. Griechisch-internationalisierte Küche, aber auch leichte kreative und vegetarische Gerichte, Salate usw.

49 [F7] **To Stéki tou Ilía** €€, O. Eptachálkou 5. Hier soll es angeblich die besten Holzkohlegrill-Lammkoteletts der Stadt geben. Man bestellt sie nach Gewicht, dazu werden Beilagen wie *patátes* oder Bohnen und Salate sowie Wein vom Fass gereicht. Das Lamm kommt dünn geschnitten und knusprig rauchig gegrillt auf den Tisch.

50 [G6] **Voliótiko Tsipourádiko** €€, O. Lepeniótou 2. Das Lokal befindet sich in einem der ältesten Bauten in Psirrí. Außer Mezédes und griechischen Gerichten gibt es den namensgebenden Tsípouro, Tresterschnaps aus Volos.

... und in anderen Vierteln

51 **Estiatório Euónymon** €, O. Chariláou Trikoúpi 1, neben Hotel Poseidonio, Piräus. Eines der wenigen erhaltenen traditionellen Lokale mit heißer Theke, wo man die preiswerten Tagesgerichte nach Optik wählt, die dann am Tisch (großteils im Freien) serviert werden. Offener Wein!

52 [H6] **Miniatúra** €, O. Rómvis 21. Fünf bis sechs täglich wechselnde einfache, aber leckere Gerichte in heimelig-kleinem Restaurant. Tgl. 12.30–19 Uhr geöffnet.

53 [I4] **Rozalía** €€, O. Valtetsíou 58. Mitten im bunt-anarchistischen Exárchia gelegene alteingesessene Taverne mit griechischen Spezialitäten und zahlreichen Tagesgerichten, die zur Ansicht an den Tisch gebracht werden. Wechselnde Fischgerichte, gutes Lamm und Schwein

in Joghurtsauce, dazu Hauswein. Schön zum Sitzen im Freien.

54 [I5] **Tavérna Kapetán Michális** €, O. Fidíou 3. Winziges, unkompliziertes Lokal neben dem Deutschen Archäologischen Institut, nur wenige Tische. Seit Jahrzehnten eine Athener Institution, in der es kretische Küche gibt.

Fine Dining

55 [I7] **Electra Roof Garden Restaurant** €€€, O. Navárchou Nikodímou 18–20, Tel. 2103370000, tgl. ab 19.30 Uhr. Das Schönste sind die Lage und der Ausblick von der Dachterrasse, doch auch das Essen – kreative Mittelmeerküche – kann mithalten.

› **Hytra** €€€, Leof. Andréa Syngroú 107, Tel. 2103316767. Probiermenü zu 59 €, vegetarisch zu 48 € in Michelin-Stern-Restaurant. Im OG des Onassis Cultural Centre (s. S. 70), im Sommer auch auf der Dachterrasse. Chefkoch Tássos Mántis sorgt für kreative und optisch ansprechende kulinarische Erlebnisse. Nur Abendessen.

56 [G7] **Kuzína** €–€€, O. Adrianoú 9, Tel. 2103240133. Diese moderne Taverne serviert griechisches Essen gepaart mit mediterranen (Pasta) und orientalischen Einflüssen. Kreative Vorspeisen und ungewöhnliche Abwandlungen griechischer Klassiker, auch Menüs. Umfangreiche Weinkarte. Bar und Akropolis-Blick.

› **Sense** €€€, Di.–So. ab 18 Uhr, Tel. 2109200240. Fine Dining auf dem Dach des Hotels Athens WAS (s. S. 125). Kreative Varianten der griechischen Küche, gemischt mit französischen und japanischen Einflüssen. Genießen mit allen Sinnen!

57 [K9] **Spóndi** €€€, O. Pýrronos 5 (Pangráti), Tel. 2107520658, www. spondi.gr, tgl. ab 20 Uhr geöffnet. Französische Haute Cuisine und griechische Küche kreativ-modern serviert in mehrfach ausgezeichnetem Toplokal. Ausgewählte Menüs ab 73 €, Desserts auf keinen Fall versäumen!

①58 [H7] **Ydria** €€, O. Adrianoú 68. Zwischen antiken Ruinen und Altstadt gelegen, schöner Gastraum und Tische draußen. Besonders schön sind die gemischten Vorspeisenplatten (kalt/warm/vegetarisch), außerdem Vegetarisches und Pasta und dazu gute (etwas teurere) Weine. Auch Frühstück.

Aus aller Welt

①59 [J4] **Ama Lachei** €€, O. Kallidromíou, Tel. 2103845978. Mehrteiliges Restaurant in historischem Bau mit schönem Garten in Exárchia. Griechisches Lokal, Coffeeshop und französisches Bistro in einem.

①60 [H7] **Eat at Milton's** €€, O. Adrianoú 91. Modern umgestaltetes, historisches Lokal, das griechisch-internationale

EXTRATIPPS

Lecker vegetarisch

Obwohl es in Athen nur wenige rein vegetarische Lokale gibt, ist es dank der Fülle an diversen Gemüsegerichten und Eintöpfen kein Problem, in jedem normalen Restaurant etwas Fleischloses zu finden. Gut ist die Auswahl z. B. bei To Koutí (s. S. 75) oder bei:

⊖63 [I7] **Avocado** €, O. Níkis 30. „Food for Life", vegetarisch-vegane Küche mit Rezepten aus aller Welt. Nettes kleines Café in Sýntagma-Nähe, bunt und insprrierend.

①64 [H6] **Falafellas** €, O. Aiólou 51. Hier wartet man gerne in der Schlange, denn das Falafel ist hervorragend.

❯ Feyrouz €. Kreative orientalische Küche (s. S. 77).

①65 [J6] **Nice n Easy Bistro** €€, O. Omírou 60 (Kolonáki). Hier werden in gemütlicher Atmosphäre ausschließlich regionale Bio-Produkte verarbeitet, große Auswahl an vegetarischen Gerichten.

Lokale mit guter Aussicht

Viele der Lokale in der Pláka **⑳** bieten Sitzgelegenheit auf Plätzen oder Straßen mit gutem Akropolis-Blick. Ein relativ neuer Trend sind **Rooftop-Bars,** wo außer Cocktails meist auch Essen serviert wird. Einige der angesagtesten gehören zu (Boutique-)Hotels und sind unter „Nightlife" gelistet.

❯ Acropolis Museum Café €-€€. Auf der Dachterrasse des neuen Akropolis-Museums **⑩** wird bis mittags griechisches Frühstück serviert, auch andere gute Gerichte.

❯ Café im Benáki-Museum ㊲, 2. Stock

❯ Kuzína (s. S. 75) mit Tarátsa (Terrasse im Freien)

①66 [K5] **Orízontes** €€€, Restaurant auf dem Lykabettós **㊵** mit mediterraner Küche

❯ The Zillers Rooftop Bar Restaurant €€, im gleichnamigen Hotel (s. S. 126) mit vertikalem Garten und Akropolisblick, mediterrane Küche.

Für den späten Hunger

Späte Hungerattacken stellen in Athen kein Problem dar, da Lokale grundsätzlich bis Mitternacht oder darüber hinaus geöffnet sind. Vor allem um die Plätze Monastiráki oder Sýntagma findet sich bis 3 oder 4 Uhr nachts offene Imbisslokale. An großen Plätzen sind Kioske (z. B. am Kolonáki, Sýntagma, Káningos, Mavíli, Omónia, Ag. Asomáton) teils bis in den frühen Morgen geöffnet. 24 Stunden zur Verfügung stehen:

①67 [H5] **Everest** €-€€, Pl. Omónias 18. Mit zahlreichen Filialen vertretene Imbisskette, z. B. an der Pl. Syntágmatos.

①68 [H9] **To 24Oro** €, Leof. Andréa Syngroú 44. Imbisslokal mit preiswerten Gerichten von Griechischem über Pizza bis Burger.

Gerichte anbietet. Betreibt auch den Imbiss Quick Pitta (s. S. 79).

61 [H6] **Feyrouz** €, O. Karóri 23/O. Aiólou, tgl. 12 – mind. 22 Uhr. Kleines modernes Imbisslokal (auch zum Mitnehmen) in zentraler Lage, in dem fernöstliche Küche – Tabuleh, Feyrouz, Pide und viel Vegetarisches – zubereitet wird.

› **Magenta** €€, im Fresh Hotel (s. S. 125). Breit gefächerte Speisekarte mit neu interpretierten griechischen Klassikern, aber auch internationalen Gerichten wie Burgern oder Sandwiches. Schöne Vorspeisenplatten und eine Vielzahl an Cocktails.

62 [G7] **Moma** €€, O. Adrianoú 29. Die moderne Version einer Taverne mitten in der Pláka. Kreative, griechisch inspirierte mediterrane Gerichte – Pizza, Pasta, Risotto –, Salate und Burger sowie große Vorspeisenauswahl. Auch gut zum Frühstück oder auf einen Drink.

Fischlokale

Vor allem rings um den Mikrolímano in Piräus ❹ reihen sich mehrere exquisite, aber nicht unbedingt sehr preiswerte Fischlokale (mit Tischen im Freien) auf, ebenso gibt es etliche um den Pasalimáni.

69 **Captain John's** €€, Aktí Koumoundoúrou 20, Mikrolímano/Piräus. Eines der preiswerteren Fischlokale am Mikrolímano in Piräus, taramasaláta (Fischrogensalat) probieren, dazu barboúnia (Rotbarbe) und Fasswein. Auch Sitzplätze im Freien.

70 [I8] **Damigos** €, O. Kidathinéon 41, werktags ab 18, So. 12 – 16 Uhr. Seit 1865 in der Pláka existierende Taverne mit Hauswein und herzhafter Kost, darunter viel Frittiertes und Fisch zu günstigen Preisen. Zugleich eine der letzten bakaliarákia (Fischfrittierlokale), in der in den kühleren Monaten frittiertes Fischfilet serviert wird.

71 **Jimmy's Fish** €€, Aktí Koumoundoúrou 46, Mikrolímano/Piräus. Gehört zu den alteingesessenen Lokalen am Hafen. Gutes Essen und dazu Ausblick.

72 **To Maridáki** €, O. Diadóchou Pávlou 46. Direkt am Fischerhafen in Glyfáda gelegenes Fischlokal der alten Art, mit Plätzen im Freien und vielerlei frischem Fisch und Meeresfrüchten. Gute Tsípouro-Auswahl!

73 **Varoúlko Seaside** €€€, Aktí Koumoundoúrou 52, Mikrolímano/Piräus, Tel. 2105528400. Mo. – Sa. nur am Abend geöffnetes Fischrestaurant mit Top-Ruf und Michelin-Stern unter Küchenchef Leftéris Lazárou. Seit 1986 in Athen, seit Kurzem in Piräus, spezialisiert auf Fisch und Fischinnereien.

Imbiss

74 [I6] **Áriston** €, O. Voulís 10 (Sýntagma). Die seit 1910 existierende Bäckerei ist bekannt für ihre Pies und Pasteten aller Art, von tirópita (Teigtaschen mit Käsefüllung) über spanakópita (Spinat) bis anginarópita (Artischocken), und ihr süßes Gebäck, preiswert und sättigend.

75 [H7] **Bairaktáris** €, O. Ermoú/Pl. Monastirakíou 5. Souflaki-Imbiss mit Freiplätzen, seit 1879 in Familienbesitz. Große, preiswerte Auswahl an der Schautheke, dazu Wein vom Fass.

76 [H5] **Erotókritos Souvláki** €, O. Kanigos 3, und

77 [I5] **Souvláki Leivadiá** €, O. Káningos 2, am Pl. Omónias ㉙, sind zwei typische Imbisslokale mit ähnlichem Angebot an Souvláki, gut und preiswert.

78 [F5] **Fill the Bracket** €, O. Thermopylón 41 (Kerameikós). In einem historischen Gebäude mit Innenhof kann man „Streetfood" wie Sloppy Joe oder Burger essen und dazu klassische Cocktails trinken.

79 [I7] **Kóstas Souvláki** €, O. Pentélis 5. Nahe dem Sýntagma gibt es für

Göttliche Getränke: Retsína, Ouzo und Tsípouro

Schon in der Antike waren die Meinungen gespalten: Die einen mochten ihn, die anderen fühlten sich an Seife oder Terpentin erinnert. Viele behaupten, er mache keinen schweren Kopf, und wenn man genug davon getrunken habe, gewöhne man sich auch an den etwas merkwürdigen Geschmack.

Retsína ist ein mit Pinienharz versetzter Weißwein – der Legende nach wollte man durch diesen Zusatz im Zweiten Weltkrieg den deutschen Besatzern den Geschmack verderben. Der Inhaber der gleichnamigen großen Weinfirma, Vassílis Kourtákis, nennt einen plausibleren Grund: Schon in der Antike seien die Amphoren mit Pinienharz verschlossen worden, damit der Wein nicht schlecht würde – und der Inhalt nahm im Laufe der Zeit dessen Geschmack an. Ende des 19. Jh. gab es 6000 Tavernen in Athen, die aus dem Hinterland per Pferdekarren mit Retsína beliefert wurden. Erst in den 1960er-Jahren begann man, den Wein in Flaschen abzufüllen und heute ist Retsína zum **Markenzeichen Griechenlands** geworden. Selten bekommt man ihn noch vom Fass, häufiger aus Flaschen (z. B. Boutári, Kourtáki und Tsántali).

Griechen an der kleinasiatischen Küste sollen nach einer Version schon im 15. Jh. aus Trauben und Feigen, Anis-Samen und Mastix sowie Kräutern und Gewürzen erstmals **Rakí** gebrannt haben. Bereits im 19. Jh. wurde der Anis-Schnaps auch nach Frankreich exportiert und erhielt nach der Kistenaufschrift „Uso di Massillia" („für den Gebrauch in Marseille") seinen Markennamen „**Ouzo**". Ouzo ist wie der türkische Rakí und wie Per-nod, Ricard oder Sambuca ein **Anis-Schnaps.** Anis-Alkoholika entstehen durch Destillation des Weintrebers bzw. (heute) der Trauben und durch Zusatz eines Öls, das ursprünglich aus zerstampften Anis-Samen gewonnen wurde, heute aber aus einem preiswerteren Anis-Substitut aus importiertem Sternanis (einer Magnolienart aus China) besteht. Außerdem können Mastix-Harz und Zimt, Ingwer, Fenchel sowie andere aromatische Samen, Kräuter und Beeren – wie Koriander, Lakritz, Minze – zugegeben werden. Nach dreimaliger Destillation und mehrmonatiger Reifung wird das Produkt mit Wasser auf maximal 46 Vol.-% gebracht.

Ouzo wird meist **als Aperitif** serviert, aber auch in Cocktails verwendet. Die Trübfärbung bei Wasserzugabe ist auf das Anis-Öl zurückzuführen, das bei Verringerung des Alkoholgehalts in weißen Kristallen ausfällt. Der beste Ouzo kommt heute aus Lesbos von Firmen wie Giannatsís, Arvanítis oder Barbagiánnis und ist z. B. bei „Perí Lésvou" (s. S. 88) erhältlich.

Neben Ouzo ist **„Tsípouro"**, ein Trester-Schnaps, beliebt. Es gibt ihn weltweit unter verschiedenen Namen: „Tsikoudiá" auf Kreta, „Grappa" in Italien, „Marc" in Frankreich, „Bagaceira" in Portugal oder „Komovica" in slawischen Ländern, gelegentlich wird auch der orientalische Begriff „Rakí" nach dem türkischen Wort für „Traubenschalen" verwendet. Tsípouro – mit durchschnittlich 36 Vol.-% Alkohol – wurde ursprünglich v. a. in Makedonien, Thessalien, Epirus und auf Kreta gebrannt, wobei nur bestimmte Familien das Recht hatten, ihn an zwei Tagen im Jahr zu brennen.

Viele die besten Souvláki der Stadt, nur bis etwa 15.30 Uhr geöffnet, So. geschlossen.

80 [H7] **Quick Pitta** €, O. Mitropóleos 78. Preiswerte, gute Gyros und Souvláki, auch in kreativen Kombinationen; zum Mitnehmen oder zum Essen im Lokal oder gegenüber auf dem Platz.

81 [H7] **Sabbas** €, O. Mitropóleos 86/Kirikíou. Legendäres Gyros (vom Schwein oder Huhn), zum Mitnehmen oder zum dort Essen. Auch andere Grillgerichte, immer voll!

82 [H7] **Thanássis Kebab** €, O. Mitropóleos 69. Bekannt für s*hish kebab,* immer voll, günstig und mit Plätzen drinnen und draußen.

Cafés, Konditoreien und Bäckereien

Nichts liebt der Grieche an heißen Tagen mehr als einen **Frappé,** einen kalten löslichen Kaffee mit Zucker, aufgeschäumt mit Milch und Eis, dazu etwas Süßes. Die alten Cafés – und erst recht Kafenía – werden mehr und mehr durch **Filialen von Ketten** verdrängt, neben Coffee Island (eigene Kaffeeröstung) z. B. Grigóris. Schicke Cafés finden sich um die Pl. Kolonakíou [K6], aber auch entlang der Archäologischen Promenade **11** (O. Dion. Areopagítou/Ap. Pávlou). Lohnend sind auch jene in Museen wie dem Archäologischen Nationalmuseum **30**, dem Akropolis-Museum **10**, dem Museum of Cycladic Art **38**, dem Benáki **37** oder dem Byzantinischen Museum **39**.

83 [H8] **Amáltheia Creperie**, O. Trípodon 16. Hier wird vor allem Süßes serviert, von Crêpes über *rizógalo* (Reispudding) und *galaktoboúreko* (Cremeschnitten) bis Joghurt.

84 [J4] **Assimakópoulos Brothers**, O. Char. Trikoúpi 82. Seit 1915 existierendes „Zacharoplasteío" (Konditorei) mit Gebäck, aber auch Eis.

85 [G6] **Bougatsádiko i Thess/niki stou Psirrí** €, Pl. Iróon. Preiswerter Imbiss am netten Hauptplatz von Psirrí mit leckerem Blätterteiggebäck aller Art und Getränken. Tische im Laden und auf dem Platz. Daneben:

86 [G6] **Nancy's Sweethouse** €, Pl. Iróon 3. Leckere Süßigkeiten wie Baklavá, Bougátsa, Kuchenstückchen, Pastetchen.

87 [H6] **Café Krinos**, O. Aiólou 87. Eines der wenigen erhaltenen Traditionscafés der Stadt, direkt hinter dem Zentralmarkt, bekannt für die *loukoumádes* (frittierte Teigbällchen), aber auch gute Pasteten und Eis.

88 [H5] **Café I Veneti (1)**, Pl. Omónias 7. Beliebte Athener Konditorei und Bäckerei, guter Kaffee. Hier kann man auch frühstücken und es gibt ganztags Sandwiches, Panini, Wraps und Salate. Mehrere Filialen, darunter:

89 [H6] **Café I Veneti (2)**, O. Athinás 33

90 [K6] **Café Peros**, Pl. Filikís Eterías 6. Berühmtes Café in Kolonáki, beliebter Treffpunkt von Künstlern, Geschäftsleuten und der High Society – Sehen und gesehen werden …

91 [G7] **Kafeneíon H Kalí Zoí**, O. Thissíou 112. Mischung aus traditionellem Kafeneíon und Lokal mit griechischen Spezialitäten und Mezédes. Mitten in Monastiráki, dennoch beschaulich.

› **Kafeneíon Oréa Hellas**, O. Mitropóleos 59/O. Pandrósou 36 (im Center of Hellenic Tradition, s. S. 87), tgl. 9 – 18 Uhr. Kafenío mit Memorabilien und gutem Kaffee, auch Auswahl an Ouzo und Mezédes.

92 [H4] **Mon Kulur (1)**, O. 3is Septemvríou 18 (Pl. Omónias). Die etwas andere Koulouri-Bäckerei –Teigkringel in verschiedenen Varianten, Vollkorn, mit Käse oder belegt, dazu Gebäck und mehr, kreativ und dazu preiswert. Hauptstelle:

035at-mb

Cafés wie dieses sind Treffs und nicht allein zum Kaffeetrinken gut

Der erste Kaffee
Die meisten der in diesem Buch genannten Cafés öffnen spätestens um 9 Uhr morgens, sind also gut zum Frühstück geeignet.

96 [H9] **7 Cactus**, O. Dimitrakopoúlou 7. Schlichter „Greek Street Deli" mit Frühstücksangeboten ab 7 Uhr. In Koukáki, nahe dem Akropolis-Museum.

97 [H6] **Café Mokka**, O. Athinás 44. Legendäre Kaffeerösterei und Café beim Hauptmarkt, die es seit 1922 gibt. Ab frühmorgens offen.

› **Coffee Island** bietet guten Kaffee, u. a.: O. Ermoú 84 (Pl. Monastirakíou), Leof. Vas. Amalías 4 (Sýntagma) oder O. Themistokléous/ Panepistimíou (Omónia).

98 [F7] **Underdog**, O. Iraklidón 8, tgl. 9–23 Uhr. Ausgezeichneter, selbstgerösteter Kaffee und nett zum Sitzen.

93 **Mon Kulur (2)**, O. Papadiamantopoúlou 140 (Zográfou)

94 [I5] **O Papoús – Musikí Kafeneí**, O. Fidíou 2. Eine der wenigen noch erhaltenen Kafeneía der Stadt, gegenüber dem Deutschen Archäologischen Institut (nahe Omónia). Mi. und So. mit Livemusik.

95 [G6] **To Kouloúri tou Psirrí**, O. Karaiskáki 23. Die wohl legendärste Kouloúri-Bäckerei der Stadt, ein Must-See: klein, unscheinbar, aber frisches Gebäck zu Spottpreisen.

Eisdielen

In den letzten Jahren sind Eisdielen („Artisanal Gelateria") aus dem Boden geschossen, die nicht eben günstig Eis von hoher (teils Bio-)Qualität verkaufen und viele kreative Sorten bieten.

99 [G7] **Hans & Gretel**, O. Adrianoú 46. Schräg und bunt und wie im Märchen. Eis gibt's in einem Teigmantel à la Baumkuchen!

100 [I7] **Le Greche**, O. Mitropóleos 16. Ungewöhnliche Eissorten in kreativer Präsentation, z. B. Baklava-Eis.

101 [H7] **Mattonella**, O. Ermoú 82. Sehr gutes Eis an der Pl. Monastirakíou.

Athen am Abend

Athen ist, was das Kultur- und Nacht-leben angeht, eine vielseitige und lebhafte Metropole. Im Sommer spielt sich das Nachtleben vor al-lem im Freien ab, dann stellen Café-Bars und Ouzerien Tische auf Fuß-wege, Plätze oder Straßen. Im Som-mer schließen manche Klubs, Discos und Bars ihre Stadtquartiere oder er-öffnen zusätzliche an den Stränden um Glyfáda, Vouliagméni, Voúla oder Várkiza.

Nachtleben

Athen ist ein Eldorado für „Nachteu-len". Die meisten **Bars** und **Klubs** sind bis lange nach Mitternacht geöffnet, vielfach bis 2 oder 4 Uhr morgens. Discos und Rembétiko-Lokale bzw. Klubs öffnen selten vor 22 Uhr und setzen oft den Konsum eines (teu-ren) Getränks und die Bezahlung ei-ner Eintrittsgebühr voraus. Konzer-te beginnen frühestens um 21 Uhr, meist erst um 22.30/23 Uhr. Eine griechische Tradition sind **Bouzoúki-Tavernen** und **Rembétiko-Kneipen** (s. S. 82), neuester Trend sind schi-cke **Rooftop-Bars** (s. S. 82).

Die englische Beilage der Tages-zeitung I Kathimeriní in der **Interna-tional New York Times** hilft bezüg-lich aktueller Veranstaltungen und Konzerten. Im Internet kann man sich mittels folgender Websites informieren:
› www.thisisathens.org/whats-on/ whats-on-in-athens
› www.athensguide.com/nightlife.html

Dance- und Nightclubs

❼**102** Akrotíri Boutique, O. Vas. Geor-gíou B5, Ágios Kosmás Coast, Álimos, Haltestelle „Ellinikó" (Tram 5 Richtung Voúla), www.akrotirilounge.gr. Schicker Strandklub mit eigenem Pool, „Dancing Nights", DJs und Livebands.

❼**103** [G6] **Astron Bar**, O. Táki 3, geöffnet: Do. 22–4, Fr./Sa. 22–7 Uhr. Beliebte Bar im „Kykladen-Baustil", in der an Wochenenden Livekonzerte (Techno, Electro etc.) stattfinden.

❼**104** [E6] **Boiler Room**, O. Persefónis 21, www.boilerroom.gr. Einer der angesag-ten Klubs in Gázi. Entlang der O. Perse-fónis gibt es eine Reihe weiterer interes-santer Klubs.

❼**105** [E6] **Gázi Music Hall**, Ierá Odós 7–13. Klub mit großen Konzerten (Expe-rimental, Funk, Electro u. a.)

❼**106** [E6] **Hoxton**, O. Voutádon 42, Ein-tritt frei und 24 Std. geöffnet. Cocktail-bar und Klub im Gázi-Viertel, cool und im Industrial Style. Gespielt werden bevor-zugt Britpop und Rock, samstags immer übervoll.

❼**107** [J9] **Half Note Jazz Club**, O. Trivoni-anoú 17. Jazz steht hier im Mittelpunkt, doch es werden auch andere Musikrich-tungen live dargeboten (21.30/22.30 Uhr). Programm unter www.halfnote.gr, Eintrittspreise variabel.

❼**108** [H6] **Six d.o.g.s.**, O. Avramiótou 6–8, http://sixdogs.gr. Mehrteiliger Kom-plex mit angesagtem Night- und Dance Club sowie Bar. Besonders für Fans von Underground Techno.

Bars und Hangouts

› **360° Bar.** Cocktailbar auf dem Dach des 360° Hotels (s. S. 126).

› **Alexander's Bar.** Noble und elegante Bar im Grand Bretagne Hotel (s. S. 126).

❼**109** [H6] **Baba Au Rum**, O. Klitíou 6. Hier dreht sich das meiste um den Rum und die damit zubereiteten Cocktails. Aus-gezeichnete Bar, die Mo.–So. 19–3, Sa. 13–4 Uhr geöffnet ist.

› **Bar** auf dem Dach des **A for Athens** Hotels (s. S. 125).

〉 **Bios Bar** auf dem Dach des Kulturzentrums **Bios** (s. S. 83).

🔋**110** [H6] **Clumsies**, O. Praxitélous 30. Bar in einem restaurierten klassizistischen Haus mitten im Zentrum, 2016 zu einer der Top 50 Bars weltweit ausgewählt. Pános Kanatsoúlis experimentiert auch mit Kräutern und Gemüse.

🔋**111** [I6] **Kolokotróni 9**, O. Kolokotróni 9. Bar nahe Sýntagma, in der Barkeeper Dimítris Giakoumákis Wert auf hochklassige klassische Cocktails legt, z. B. „Pear of Sangria".

🔋**112** [I8] **O Brettós** €, O. Kidathinéon 41. Eine der ältesten Destillerien in Athen, immer umlagerte Bar und angesagter Spirituosenladen mit großer Auswahl.

🔋**113** [I5] **Ouzerí O Andréas** €, O. Themistokléos. Seit 40 Jahren existiert diese kleine Kneipe, deren Gerichte, vor allem Fisch, gut und preiswert sind. Dazu große Ouzo-Auswahl.

🔋**114** [G6] **To 21**, O. Ag. Anargýron 21. Bar-Restaurant in Psirrí, das auch morgens geöffnet ist und Frühstück anbietet.

036at-mb

EXTRATIPP

Rooftop-Bars

In letzter Zeit sind vermehrt Bars auf den Dächern schicker Hotels entstanden, z. B. die **Bar 8** (s. S. 126, Grand Bretagne Hotel), **La Suite Lounge** (St. George Lykabettós) oder **Red Snapper** (s. S. 125, A for Athens Hotel). Auch auf dem Dach des Kulturzentrums **Bios** (s. S. 83) und des **Gazarte Cultural Hub** (s. S. 83) kann man einen Drink mit Ausblick nehmen. Derzeit angesagt ist:

🔋**115** [E6] **Hipster Rooftop Bar**, O. Voutádon 48. Mitten in Gázi, auch für Cocktails bekannt.

Rembétika, Bouzoúkia, griechische Musik

Beliebt bei den Athenern sind v. a. die Bouzoúkia an der Apollon-Küste. Zu hören sind v. a. griechische Schlager und das obligatorische Essen ist – wie die vom Publikum traditionell den Interpreten zugeworfenen Gardenien – meist unverhältnismäßig teuer. Einfacher erreichbar und ebenfalls traditionell sind Kneipen in Psirrí, z. B. Astron (s. S. 81) oder Stou Korré (s. S. 83), wo vor allem Rembétiko (s. S. 45) dargeboten wird.

🔋**116** [C8] **Ánodos**, O. Pireós 183, www. anodoslivestage.gr. Beliebter Klub, in dem bis zum Morgengrauen etwas geboten wird (griechische Schlager, Bouzoúkia).

🔋**117** **ARK**, O. Grigoríou Lambráki 2, Glyfáda. „All-time classic" unter den Bouzoúkia. Wer nicht mittanzen möchte,

◁ *O Brettós ist eine der ältesten Destillerien in Athen und dazu eine sehr beliebte Bar*

kann sich auf ein Sofa im OG zurückziehen und das Treiben von dort beobachten.

🕐118 [I8] **Perivóli tou Ouranoú**, O. Lysikrátous 19. Einst politischer Treff ist der Laden heute berühmt für seine Küche und vor allem für Rembétiko-Konzerte.

🕐119 [L4] **Rembétiki Istoría**, O. Ippokrátous 181. Kleinerer Topspot für Rembétiko-Musik, u. a. treten hier Pávlos Vasileíou und Band auf.

🕐120 [G6] **Stou Korré €**, O. Ag. Anargýron 20–22 (Psirrí). Großes Lokal im Besitz des Musikers Níkos Korrés. Außer Livemusik am Wochenende gibt es gute leichte Küche und leckeren Fasswein aus Theben.

Theater und Konzerte

Athens Kulturkalender besteht im Sommer vor allem aus **Open-Air-Veranstaltungen und -Konzerten**, zudem locken Freiluftkinos. Demgegenüber spielt die **Theaterszene** eine eher untergeordnete Rolle. Tickets für Veranstaltungen gibt es außer an den jeweiligen Veranstaltungsorten im Internet (**www.ticketpro.gr**, **https://whyathens.com/events** oder **www.ticketservices.gr**) bei:

●121 [I5] **Ticket House**, O. Panepistimíou 42 (im Durchgang), Di.–Fr. 10.30–14.30, Sa. 11.30–15.30 Uhr

Bühnen und Veranstaltungsorte

🕐122 [F6] **Bios**, O. Pireós 84, Tel. 2103425335, www.bios.gr. Zentrum für zeitgenössische Kunst und Medien, Veranstaltungsfläche, Bühne und Rooftop-Bar.

❯ **Ethnikí Lyrikí Skiní – Griechische Nationaloper,** Stávros Niárchos Foundation Cultural Center **43**, Tel. 2130885700, www.nationalopera.gr. Bunt gemischtes Programm aus Opern und Operetten in spektakulärer Architektur.

037at-mb

🕐123 [E6] **Gazarte**, O. Voutádon 34, Tel. 2103460347, www.gazarte.gr. Multifunktionaler Veranstaltungsort in Gázi mit Kino, Dancefloor, Bühnen, Restaurant/Café und Rooftop-Bar.

🕐124 [L5] **Lykabettós-Amphitheater**, Tel. 2107227209, www.elculture.gr/en/venues/Lycabettus-theater. Open-Air-Theater am Hang des gleichnamigen Hügels (per Seilbahn oder zu Fuß zu erreichen). Mai–Sept. Aufführungen moderner und antiker Stücke, Konzerte bekannter Stars und Aufführungen im Rahmen des Athens Epidauros Festivals (s. S. 92).

🕐125 [N5] **Mégaro Musikís**, O. Kókkali/Vas. Sofías 1, www.megaron.gr. Highlight ist ab Oktober das Winterprogramm mit Konzerten, Oper, Ballett. 2000 Plätze im großen, 500 im kleinen Saal.

🕐126 [G5] **Nationaltheater (Ethnikó Théatro)**, O. Ag. Konstantínou 22–24, Tel. 2105288100, www.n-t.gr. Aufführungen klassischer Stücke wie Shakespeare bis hin zu Experimentellem und griechischen modernen Autoren auf vier Bühnen: im

▱ *Die griechische Nationaloper residiert im neuen SNFCC* **43**

Ziller Building (Main Stage/Níkos Koúrkoulos Stage) und – für experimentelles Theater – im

⟲ **127** [I5] **Rex Theater** (Maríka Kotopoúli/Katína Paxinoú Stage).

9 [G8] **Odeion des Herodes Atticus**, O. Dion. Areopagítou (Akropolis-Südabhang), Tel. 2103227944 oder 3232771, Tickets am Theater (s. S. 25) oder im Internet. Aufführungsort während des Athens Epidauros Festivals (s. S. 92) sowie im Sommer Aufführungen antiker Klassiker, auch modernes Theater, Konzerte, Ballett und Tanz, Oper usw.

⟲ **128** [H8] **Schattenspieltheater Figoúres kai Koúkles,** O. Trípodon 30, Tel. 2103227507, www.fkt.gr/site. Schattenspieltheater (auch für Kinder), jedoch nur auf Griechisch!

⟲ **129** [H7] **Tanztheater Dóra Strátou**, Scholíou 8, Tel. 2109214650, www.grdance.org. Ende Mai–Ende Sept. Tanzaufführungen im Open-Air-Theater am Südwestabhang des Philópappos-Hügels mit 800 Plätzen. Griechische Volkstänze in Trachten, teils unter Beteiligung der Zuschauer.

Kino

Im Kino wie im Fernsehen werden viele Filme in der Originalsprache (mit Untertiteln) ausgestrahlt. Besonders im Sommer locken **Freiluftkinos,** zu denen meist Bars gehören, z. B.:

🎟 **130** [K6] **Cine Dexamení,** Pl. Dexamenís, http://cinedexameni.blogspot.de. In einem Garten mitten in Kolonáki, zu Füßen des Lykabettós.

🎟 **131** [I8] **Cine Paris,** O. Kydathinéon 22. Hier laufen v. a. englische Filme auf einem Gebäudedach mit Blick auf die Akropolis.

🎟 **132** [F7] **Cine Thissíon,** O. Ap. Pávlou 7. Das wohl schönste Freiluftkino mit Blick auf die Akropolis!

Athen für Kauflustige

Zum Einkaufen in Athen stehen bei Besuchern die Pláka **20** *und das angrenzende Monastiráki* **19** *ganz oben auf der Skala. Doch daneben gibt es die moderne Neustadt mit (Ketten-) Läden und einigen Kaufhäusern sowie Kolonáki* **40** *mit eher kleinen, feinen Shops. Supermärkte sind in der Athener Innenstadt rar, dafür gibt es, speziell im Marktareal, viele Spezialitäten- und Lebensmittelläden.*

Einkaufsregionen

In der **Pláka** **20** (O. Adrianoú/Kidathinéon) und in **Monastiráki** **19** (um Platía Avissinías bzw. im Bereich von O. Pandróssou, Mitropóleos und entlang der O. Iféstou, auch als „Athens Flea Market" bezeichnet) flanieren v. a. die Besucher, während die Athener die **Fußgängerzone O. Ermoú** [H/I7] mit großen Modeläden, Boutiquen und Shops mit Kosmetika, Accessoires, Schuhen, Schmuck usw. aufsuchen. Preiswerter ist die **O. Aiólou** [H5–7] mit Mode-, Schuhläden etc., ebenfalls Fußgängerzone.

Die **Hauptachse** der Stadt, die **O. Athinás** [H5/6], zwischen Pl. Monastiakíou [G7] und Omónias **29**, ist die Einkaufsmeile für Alltags- und Haushaltsgegenstände, etwa in der Mitte befindet sich der Athener Zentralmarkt (s. S. 85).

Am Fuß des Lykabettós, in Kolonáki **40** rund um die **O. Tsakálof** [J/K6] und in den Fußgängerzonen in

Shoppingareale
Die wichtigsten Shoppingbereiche der Stadt sind im Kartenmaterial mit einer rötlichen Fläche markiert.

039at-mb

der **O. Voukourestíou** und **O. Valaorí-tou** [J6] reihen sich ausgefallene Boutiquen (auch Designer), Schmuckläden, Schuhgeschäfte, Antiquitätenshops, Galerien, aber auch Cafés und Restaurants auf.

Einkaufstipps

Märkte

Gesehen haben muss man den täglich geöffneten **Zentralmarkt** mit mehreren Hallen (Fleisch-, Fisch-, Geflügelverkauf und Imbisslokale, z. B. Oinomagirío Ípiros) und Ständen bzw. Läden für Obst, Oliven, Käse, Gewürzen sowie sonstige Feinkost und Haushaltsartikel im Umkreis (v. a. auch O. Evripídou).

◻ *Frisch auf den Tisch … im Athener Zentralmarkt, hier in der Fischhalle*

🛍️**135** [H6] **Zentralmarkt (Varvákeios oder Kentrikí Agorá)**, O. Athinás

🛍️**133** [J4] **Laïkí**, O. Kallidromíou, Sa. 8–15 Uhr. Großer Wochenmarkt in Exárchia.

🛍️**134** [G7] **Monastiráki Flea Market**, im Umkreis der O. Iféstou, So. 8–18 Uhr. Basarartig mit viel Kitsch, Büchern, T-Shirts, aber auch „Entdeckungen" sind möglich.

Kaufhäuser und Malls

🛍️**136** [J6] **Attica**, O. Panepistimíou 7. In einem renovierten Bau aus dem 19. Jh. befindet sich auf sechs Etagen das größte und modernste Kaufhaus der Stadt mit Café-Bar ganz oben.

🛍️**137** **Golden Hall**, Leof. Kifisías 37a. Elegantes Einkaufszentrum in Maroúsi nahe dem Olympiastadion, mit Läden der angesagten, zumeist griechischen Labels.

🛍️**138** [H5] **Hondos Center**, Pl. Omónias. Edles Kaufhaus auf mehreren Etagen mit Kleidung, Haushaltswaren und großer Kosmetikabteilung. Kleinere Filialen über die Stadt verteilt.

Mitbringsel aus Athen

In der Pláka **20** gibt es Souvenirs aller Art, von Antikennachbildungen und Massenkitsch aus Fernost über Schmuck bis hin zu griechischen Produkten wie **Olivenholzschnitzereien, Olivenölkosmetika, „kombolói"** (Spiel-Perlenketten für Männer), **Modeschmuck und Designermode.** Früher dominierten in der Pláka Ledershops (Sandalen, Taschen), heute sind es Kleidungs- und (geschmackvollere) Souvenir- und Feinkostläden.

Eine nettes Mitbringsel sind z. B. die überall (preiswert v. a. im Marktareal) angebotenen **Oliven, Honig, Wein, Käse, Trockenfrüchte, Kräuter und Gewürze** oder auch **Olivenölprodukte** – alles vermehrt auch in Bio-Qualität. Ausgefallene „Made-in-Greece"-Souvenirs (und Baumwollkleidung) erhält man in Läden wie **Forget me not** (s. S. 88) oder **Anamnesía** (s. S. 88).

Für Antikenfans lohnen die **Museumsshops des Kultusministeriums,** z. B. im Nationalmuseum **30**, am Fuß der Akropolis oder im Akropolis-Museum **10**. Dort gibt es originalgetreue **Abgüsse von antiker Plastik, Keramik und Kleinkunst** zu günstigen Preisen. Auch die Shops im Benáki **37** und Goulandrís-Museum (s. S. 67) bieten eine gute Auswahl an **Abgüssen, Kunsthandwerk, Accessoires und Schmuck.**

038at-mb

Mode made in Greece

„Made-in-Greece"-Produkte, oft Zusammenschlüsse von Designern und (Kunst)handwerkern, die sich gemeinsam vermarkten, sind derzeit ebenso angesagt wie Kleidung aus reiner Baumwolle.

139 [H5] **Athenée,** Ecke O. Lykoúrgou/ Sokrátous. Laden mit teils ausgefallener, teils Retro-Kleidung für Männer und Frauen – ideal für Schnäppchenjäger!

140 [H7] **Cotton Club Dimítris,** O. Adrianoú 84 (weitere Filialen in der Pláka). Männer-, Frauen- und Kinderbekleidung aus Baumwolle und Leinen.

141 [K6] **Free Shop,** O. Skoufá 17. Damenbekleidung und Accessoires von verschiedenen angesagten Designern in Kolonáki (u. a. Filialen).

142 [I8] **Haris Cotton,** O. Adrianoú 136, weitere Filialen: O. Adrianoú 101 (Outlet) und O. Adrianoú 111. Modeladen, der seit 1975 existiert und den Trend zu leichter Leinen- und Baumwollkleidung forcierte.

143 [K6] **Léna Katsanídou,** O. Loukianoú 21. Laden einer berühmten griechischen Designerin, die Kleidung, Taschen, Schmuck und andere Accessoires kreiert.

144 [K6] **Sótris Concept Store,** O. Voukourestíou 41. Modeladen, der auf drei Stockwerken die Stücke angesagter Designer wie Ioánnis Guia anbietet.

145 [K6] **Vlássis Holévas,** O. Patriárchou Ioakím 19. Elegante Mode des angesagten griechischen Designers, der sogar in New York für Furore sorgt.

▷ *Antiquitäten- und Flohmarkt in einem: Stände rund um den Zentralmarkt (s. S. 85)*

Accessoires und Kunsthandwerk

146 [H7] **Alexópoulos Bros.,** O. Venizélou Palaiológou 6. Alteingesessener „Perlenladen" mit großer Auswahl an Modeschmuck aller Art, *kombolói* (Spielketten) und Kurzwaren. Ein Teil der Ware wird vor Ort gefertigt. Ein Muss!

147 [H7] **Center of Hellenic Tradition,** O. Pandróssou 36, www.kelp.gr. Volkskunde und Traditionen großgeschrieben: Galerien und kleine Shops mit netten Mitbringseln lokaler Kunsthandwerker, arrangiert rund um das schöne Kafeneíon Oréa Hellas (s. S. 79).

148 [K6] **i-D Concept Stores,** O. Kanári 12/O. Sékeri. Ausgefallene Waren von Kleindesignern – Kleidung, Schmuck, Taschen, Accessoires u. a.

149 [J6] **Kombologádiko,** O. Amerikís 9, www.kombologadiko.gr. 1988 gegründeter Laden, der auf *kombolói* spezialisiert ist. Eine Fundgrube für Sammler, relativ teuer, dafür sehr schöne Stücke aus Edelsteinen u. a.

KURZ & KNAPP

Der Kiosk, eine griechische Institution

Der *perípteros*, der Kiosk, ist weit mehr als nur ein Zeitungsstand mit Kaugummis und Zigaretten. Hier gibt es alles für den täglichen Bedarf: von gekühlten Getränken und Snacks über Süßigkeiten bis hin zu Zahncreme und Kondomen – und das bis spät abends oder sogar rund um die Uhr. Doch Vorsicht: Kiosk ist nicht gleich Kiosk! Der eine ist spezialisiert auf internationale Zeitungen, der nächste auf Brillen oder Hüte und ein anderer auf Spielzeug oder Essen. Gemeinsam ist allen immer der obligatorische Kühlschrank mit Getränken.

An mobilen Straßenständen werden außerdem frisches Backwerk (*kouloúri* – Sesamkringel – und *loukoumádes* – Hefeteiggebäck), Obst und Nüsse, manchmal auch Mais oder Maroni verkauft.

041at-mb

Made in Greece zum Mitnehmen

Anamnesía ist eine Art Concept Store, bietet Kunsthandwerk, Accessoires und Mode in ungewöhnlicher Zusammenstellung an: So werden z. B. Geschirr, Stoffe, Taschen, Schreibblöcke, Tücher, T-Shirts etc. nach Designs angeordnet, beispielsweise Muschelmotiv, Blumen, Obst, antike Mythenfiguren etc. Die Herstellung erfolgt komplett in Griechenland.

Forget Me Not heißt ein Laden in der Pláka, in dem auf zwei Etagen eine breite Palette an ungewöhnlichen Souvenirs, Gebrauchsartikeln und Kleidung angeboten wird. Es gibt witzige T-Shirts, Lampen u. a. Wohnaccessoires, Taschen, Keramikartikel, Schreibwaren, Kosmetik und Schmuck von verschiedenen griechischen Künstlern und Designern, u. a. von „Love Greece" (v. a. T-Shirts, www. lovegreece.com).

We create Harmony (www. wecreateharmony.com) schließlich ist eine Organisation, die junge Künstler und Designer fördert und von deren Einnahmen ein Teil an Arbeitslose oder in Start-ups fließt. Viele Designer verkaufen ihre kreativen Objekte über diese Plattform im Internet.

🛍**153** [I7] **Anamnesía – Gifts from Greece**, O. Adrianoú 99 (Pláka) und am Athener Flughafen (s. S. 108)

🛍**154** [H7] **Forget Me Not**, O. Adrianoú 100, www.forgetmenotathens.gr (inkl. Shop)

🛍**150** [G6] **Melissinós Art**, O. Agías Théklas 2, www.melissinos-art.com/eng/sandals.html. Der Sohn des legendären „Poet-Sandalmaker of Athens", führt das Erbe seines Vaters auf seine Weise im eigenen Laden fort. Er bietet neben Sandalen auch Kunsthandwerk und Kunst an.

🛍**151** [G7] **Melissinós Sandals**, O. Normanoú 7, www.melissinos-poet.com/eng. Seit 1920 fertigt der „Poet-Sandalmaker of Athens", Stávros Melissinós, hier Sandalen, Gürtel und Taschen.

🛍**152** [G6] **Remember Fashion**, O. Aischílou 28. Absolut schräger Laden in Psirrí mit ausgeflippter Punk- und Retro-Kleidung und -Accessoires.

Griechische Spezialitäten

🛍**155** [I6] **Aristokratikón**, O. Voulís 7. Kleiner Laden mit hervorragender Schokolade und anderen feinen Süßigkeiten aus Eigenproduktion (nahe Sýntagma).

🛍**156** [H6] **Bahar**, O. Evripídou 31. Shop mit schier unglaublicher Auswahl an Kräutern, Gewürzen und Trockenfrüchten aller Art auf dem Areal des Zentralmarkts.

🛍**157** [I8] **Fine Wine**, O. Lysikrátous 3. Kleines Fachgeschäft, das ausgezeichnete Weine aus Griechenland führt.

🛍**158** [H7] **Greek Traditional Goods**, O. Adrianoú 82. Laden in der Pláka mit guter Auswahl an griechischen Produkten (Kräuter, Olivenöl usw.). Ähnlich The Greek Shop, O. Adrianoú 120.

🛍**159** [H5] **Kafekopteía Loumídi**, O. Aiólou 106/O. Panepistimíou. Eine der wenigen noch erhaltenen Kaffeeröstereien der Stadt, führt auch ausgezeichnete Süßigkeiten aller Art (z. B. eingelegte Früchte).

🛍**160** [K6] **Kostarélos**, O. Patriárchou Ioakím 30–32. Alteingesessener Spezialitätenladen in Kolonáki, in dem man ganztägig einen Imbiss wie Sandwiches, Salate oder Käseplatte zu sich nehmen kann. Berühmt für die Käseauswahl.

🛍**161** [I7] **Matsoúka**, O. Karagiórgi Servías 3–5, Sýntagma. Griechisch eingelegtes Obst – *glykó koutalioú* – aller Art, Wein, Baklavá, aber auch Kräuter, Nüsse u. a.

🛍**162** [H6] **Perí Lésvou**, O. Athinás 27. Weine, Ouzo, Öle, Käse und andere Feinkost sowie kulinarische „Souvenirs", v. a.

große Auswahl von Spezialitäten der Insel Lesbos, darunter Ouzo. Auch *tsípouro* (s. S. 78) und Wein (weiß/rot/Retsína) vom Fass.

🔒**163** [J6] **Yoleni's**, O. Sólonos 9. Kulinarische Spezialitäten aus Griechenland, auch biologisch produziert, außerdem Kosmetik. Imbiss bzw. Frühstück, z. B. an der Deli Bar oder Essen im OG, wo sich Butcher's Shop und Steakhouse befinden. Dazu Olivenöl-Bar und Weinkeller.

Bücher und Musik

🔒**164** [K6] **Booktique**, O. Patriárchou Ioakím 21. Kleiner Buchladen mit großem Spektrum, daneben auch Accessoires griechischer Künstler und Designer.

🔒**165** [F4] **Compendium**, O. Alikarnassoú 8. Buchladen, spezialisiert auf englische Bücher, Zeitschriften, Reiseführer und Karten, auch gebrauchte Werke. Im aufstrebenden Viertel Metaxourgío.

🔒**166** [H8] **Little Tree Book & Coffee**, O. Kavalítti 2. Gemütlicher Buchladen mit kleinem Café hinter dem Akropolis-Museum, tgl. außer Mo. bis spätabends geöffnet.

🔒**167** [I5] **Music Corner**, O. Panepistimíou 56/O. Benáki. Hier gibt es vor allem eine große Auswahl an Musikinstrumenten, auch gebraucht.

🔒**168** [H6] **Poems & Crimes Art Bar**, O. Agías Irínis 17. Buchladen, Druckerei, Verlagsbüro und Café-Bar in einem. Erlebenswerte Konzerte.

🔒**169** [I5] **Politeía**, O. Asklepioú 1–3. Einer der wenigen noch existierenden großen Buchläden der Stadt.

🔒**170** [J5] **Rock and Roll Circus**, O. Sína 21. Schallplatten en masse in einem engen Laden, der nach einem Rolling-Stones-Album benannt ist.

🔒**171** [J5] **Travel Bookstore**, O. Sólonos 71. Dieser Laden ist auf Reiseführer und Karten spezialisiert.

Athen zum Träumen und Entspannen

Athen ist eine hektische Stadt, eine Metropole, die wie New York so gut wie niemals schläft. Zum Träumen und Entspannen ist sie nicht unbedingt der richtige Ort, aber dennoch findet man selbst hier grüne Ecken für Verschnaufpausen im Schatten.

In den letzten Jahren hat sich in Sachen Grün einiges getan, z. B. wenn man an die um die Akropolis ❶ entstandene begrünte Fußgängerzone denkt. Die **Hügel der Stadt** – v. a. Pnyx, Filópappos, Nymphenhügel (s. S. 32), Stréfi, Areopag oder Lykabettós ⓳ – lohnen nicht nur wegen der sich bietenden Ausblicke, sondern warten auch mit Grün auf. Unvergleichlich und fast schon ein Muss ist der **Lykabettós bei Sonnenuntergang.** Man ist hier zwar nie allein, aber zumindest stört kein Verkehrslärm.

Ausgrabungsareale wie Agorá ⓲, Kerameikós ⓯ oder der Akropolis-Südabhang sind ebenfalls grüne Oasen im Häusermeer. Der größte Park der Innenstadt ist der **Nationalgarten** ㉟ mit den angrenzenden Grünflächen um Zappeion und das historische Olympiastadion (Arditós-Hügel). Bei den Einheimischen ist vor allem am Abend der **Áreos-Park** beliebt, jedoch liegt er etwas außerhalb am nördlichen Innenstadtrand.

●**172** [I3] **Áreos-Park**

Zu den neuesten grünen Errungenschaften gehört der **Park des Stávros Niárchos Foundation Cultural Center** ㊸ in Kallithéa. Er bietet außer 360°-Rundumblick zugleich eine Art Botanischen Garten mit einheimischen Pflanzen und Bäumen.

O4Oat-mb

Ebenfalls unlängst neu gestaltet und bepflanzt wurde der **Innenhof des Nationalmuseums** ⑳ und von den Tischen des kleinen Cafés aus kann man die Pflanzen betrachten. Auch die **Grünanlage um das Byzantinische Museum** ㊴ wurde mit heimischen Pflanzen neu gestaltet. Für botanisch Interessierte und Ruhesuchende geeignet ist der **Diomidous Botanical Garden** in Chaïdári:

● **173 Diomídous Botanical Garden,** Ierá O. 403, www.diomedes-bg.uoa.gr, Mo.–Fr. 8–14, Sa/So 10–15 Uhr, Eintritt frei

Zur Schnellentspannung bietet sich folgendes Hamam an:

● **174** [H8] **Al Hammam,** O. Tripódon 16, www.alhammam.gr, Tel. 2110129099. Mitten in der Pláka gelegenes türkisches Schwitzbad, in dem verschiedenste Behandlungen angeboten werden.

⌂ *Viel Grün im weißen Häusermeer: Blick von der Akropolis* ❶ *auf den Areopag*

Zur richtigen Zeit am richtigen Ort

Die meisten Kulturveranstaltungen finden im Sommer statt, viele davon im Freien, zwei überregional bedeutende Sportevents im Herbst.

Allgemeine Infos zu aktuellen Veranstaltungen finden sich unter:

❯ www.thisisathens.org/whats-on/ whats-on-in-athens/festivals

❯ https://whyathens.com/events

Frühjahr und Sommer

❯ **Dionýsia – The Athens Wine Festival:** An einem Wochenende Anfang März treffen sich im Zappeion (s. S. 53) über 120 Weinproduzenten und -importeure und laden zur Verkostung ein (www.dionysia.gr).

❯ Drei Wochen vor Beginn der Fastenzeit: **Apókries, Fasching.** Die griechische Karnevalssaison dauert bis zum sog. reinen Montag, „Kathará Deftéra", 7 Wochen vor dem orthodoxen Osterfest. Dieser Montag markiert den Beginn der Fastenzeit und der Frühlingssaison.

Feiertage

Im Zentrum des Athener Festkalenders stehen mehrere große Kirchenfeste, die von der gesamten orthodoxen Christenheit gefeiert werden. Daneben gibt es lokal begrenzte religiöse Feste zu Ehren verschiedener Heiliger, Märtyrer oder Kirchenväter und an Patronatstagen – z. B. zu Ehren von Dimítrios, Johannes oder Georg – feiert man Kirchweihfeste („panigíria").

› 6.1.: **Hl. Drei Könige (Theophánia** oder „Wasserweihe"): In Erinnerung an die Taufe Christi wird an diesem Tag das Wasser gesegnet.

› 25.3.: **Griechischer Nationalfeiertag,** erinnert an den Beginn des Befreiungskriegs 1821, v. a. Paraden.

› März/April: **Ostern (Páscha)** – der Zeitpunkt variiert und fällt wie das orthodoxe Pfingstfest nicht mit dem hiesigen Termin zusammen. Megáli Sarakostí heißt die 49-tägige Fastenzeit von Rosenmontag (Kathará Deftéra) bis zum Samstag vor Ostern.

› 1.5.: **Tag der Arbeit (Protomgiá)** – eher ein „Streiktag" als ein Feiertag, mit großer Parade und Demonstrationen

› 50 Tage nach Ostern: **Pfingsten** mit Pfingstmontag als Feiertag

› 15.8.: **Mariä Himmelfahrt,** eines der wichtigsten kirchlichen Feste in Griechenland, das besonders in Klöstern gefeiert wird. Viele Athener besuchen ihre Heimatdörfer und viele fasten 40 Tage vorher.

› 28.10.: Der **„Óchi"-Tag** (Nationalfeiertag) erinnert an das Nein von Regierungschef Metaxás, mit dem er 1940 ein Ultimatum Mussolinis zur Kapitulation ablehnte.

› 25./26.12.: **Weihnachtsfeiertage (Chrisoúgenna).** An Heiligabend gehen Kinder, ein spezielles Weihnachtslied (Kálanda/κάλαντα) singend, von Haus zu Haus und sammeln Süßes und Geld. Christbäume (aus Taxiárchis/Chalkidikí bzw. importiert) oder stattdessen dekorierte Schiffchen (Karaváki). Festliches Abendessen im Familienkreis.

› 31.12./1.1.: **Silvester/Neujahr (Protochroniá).** An Silvester zieht der Nachwuchs wieder singend von Haus zu Haus und bittet um Geld und Süßigkeiten. Am Abend Festessen und an Mitternacht große Feuerwerke, jede/r ist auf der Straße. Nach Mitternacht wird ein Kuchen geteilt (Vasilópita - eine „píta" zu Ehren des Ágios Vasílios), in den eine Silbermünze eingebacken ist. Wer sie bekommt, hat Glück im nächsten Jahr.

› **Athens Technópolis Jazz Festival**: Jazzfestival Ende Mai in Technópolis/Gázi (www.technopolisjazzfestival.com/index.php/en)

› **Art Athína,** vier Tage in der zweiten Junihälfte. Messe in Glyfáda (s. S. 64), Tae Kwon Do Stadium (Fáliro Indoor Hall) mit Galeristen aus ganz Griechenland und aus dem Ausland, die zeitgenössische Kunst präsentieren (www.art-athina.gr).

› **European Music Day:** Vier Tage um die Sommersonnenwende im Juni treten Hunderte von Künstlern und Bands aus verschiedenen griechischen Städten gratis auf öffentlichen Plätzen in Athen auf, z. B. auf Sýntagma **33**, Kerameikós **15**, Monastiráki **19**, im Nationalgarten **35** oder in Technópolis/Gázi (www.europeanmusicday.gr).

> **Athens Epidauros Festival:** Anfang Juni bis Ende August gibt es eine breite Palette unterschiedlicher Darbietungen – Ballett, Oper, Konzerte und antike Schauspiele – auf verschiedenen Bühnen in Athen und Epidauros. In Athen finden Aufführungen im Odeion des Herodes Atticus **9**, im Mégaro Musikís (s. S. 83), Benáki-Museum **37**, Scholeíon (O. Pireós 52, Moscháto) oder im Rex Theater (O. Panepistimíou) statt (www.greekfestival.gr).

> **Ejekt Festival:** Im Juli treten angesagte internationale Bands und Musiker der Indie-, Pop- und Rock-Szene im Fáliro Olympic Complex gegenüber dem SNFCC an der Apollon-Küste auf (www.ejekt.gr).

> **August Full Moon Festival:** Bei Vollmond gibt es freien Eintritt in Akropolis **1** u. a. Ausgrabungsstätten und Sehenswürdigkeiten, dazu finden verschiedene Veranstaltungen statt.

> **Athens Open-Air Film Festival:** Filmfest (Juni – Sept.) auf vielen öffentlichen Plätzen der Stadt (www.aoaff.gr).

Herbst und Winter

> **Book Festival Zappeion,** 1. Septemberhälfte für 2½ Wochen. Buchmesse mit Autorenlesungen u.a. Events (www.allaboutfestivals.gr/en/festivals/book-festival-zappeion).

> **Athens International Film Festival:** In der zweiten Septemberhälfte gibt es zehn Tage lang an verschiedenen Orten Kino, Indie, Dokumentationen und Weltpremieren (www.aiff.gr).

> **Spartathlon:** 250-km-Rennen Ende September (36 Std.) mit über 200 Läufern vom Fuß der Akropolis nach Sparta, basierend auf einem historischen Ereignis (www.spartathlon.gr).

> **Athens Marathon:** Reminiszenz an den berühmten Marathonlauf von 490 v. Chr., bei dem der Überlieferung nach der Athener Phidippides die knapp 40 km von Marathon nach Athen gelaufen war, um den Sieg der Athener gegen die Perser zu verkünden. Der Marathon findet im November statt und endet im alten Olympiastadion (s. S. 54). Außerdem kürzere Läufe (www.athensauthenticmarathon.gr).

> **Plisskën Festival:** Musikfestival in Metaxourgío (O. Pireós) mit weniger bekannten nationalen und internationalen Musikern, Anf. Dezember. Das Festival ist eine gute Auftrittsgelegenheit für junge Musiker (www.plisskenfestival.gr).

> **The Christmas Factory:** Technópolis/Gázi, Anf. Dez. – 7. Jan., eine Art Weihnachtsmarkt mit Nikolaus-Besuchen, Zauberschule, Eisbahn, Riesenrad und Karussells (http://thechristmasfactory.gr).

ATHEN VERSTEHEN

In seinem Monumentalwerk „Der Peloponnesische Krieg" schildert der antike Schriftsteller Thukydides im Rahmen der berühmten Gefallenenrede (II, 39, 4) die Vorzüge seiner Heimatstadt Athen und erläutert, warum er sie „der Bewunderung für würdig" hält. Heute fragt man sich gelegentlich, was denn an dieser Stadt „bewunderungswürdig" sei angesichts all des Chaos, des Drecks, des Lärms. Erst wenn man mit geschärften Sinnen durch die Straßen läuft, wird sich die Faszination allmählich erschließen.

Die Stadt in Zahlen

KURZ & KNAPP

› **Gründung:** vor etwa 7500 Jahren, der Sage nach durch Göttin Athena
› **Stadtfläche:** ca. 39 km²
› **Höchster Punkt:** 338 m, Lykabettós **40** ca. 280 m
› **Niedrigster Punkt:** 70 m
› **Einwohner:** ca. 670.000, im Großraum etwa 3,8 Mio.
› **Bevölkerungsdichte:** ca. 6000 Einwohner pro km²

◁ *Vorseite: Traditionen und Moderne sind in Athen kein Widerspruch*

Das Antlitz der Metropole

Athen erfordert einerseits Zeit und Geduld, andererseits Aufgeschlossenheit, denn die Metropole mit ihren knapp vier bis sechs Millionen Bewohnern, je nach Schätzung, ist eine „brodelnde Ursuppe, aus der die Götter die Welt erschufen". Athen ist nicht Griechenland: Zu groß sind die Unterschiede zwischen der hektischen Hauptstadt und dem beschaulichen Rest-Hellas. Dennoch: die urgriechische Tugend der Gastfreundschaft hat sich selbst in der chaotisch-umtriebigen Metropole erhalten.

Schon beim Anflug auf den Athener Flughafen lernt man die **Ausmaße** der Metropole kennen: Der Großraum Athen ist mit rund 410 km² Fläche und rund 3,8 Millionen Einwohnern der bevölkerungsreichste Teil Griechenlands, das insgesamt nur um die elf Millionen Menschen zählt. Athen ist eine ausufernde, weiße Betonstadt ohne eigentliche Skyline, aber vor blauer Meereskulisse und umgeben von grünen Berghängen. Zum Großraum, der Metropolregion Athen,

gehören neben der 10 km entfernten Hafenstadt Piräus über 50 weitere Städte und Gemeinden.

Die Hauptstadt im Herzen der griechischen Landschaft Attika wird mit Ausnahme des Südwestens, wo der Saronische Golf die natürliche Grenze bildet, von **Gebirgszügen** gerahmt: vom Hymettós im Osten (1027 m), vom Pentelikón (1110 m) im Nord(ost)en, vom Párnitha/Parnass (1413 m) im Nordwesten und von den nur knapp 500 m hohen Aigáleos-Bergen im Westen. An den Hängen dieser Bergzüge schieben sich zungenartig mehr und mehr Siedlungen vor.

Athen gilt wie die berühmte antike „Schwester" Rom als **„Stadt der Hügel"**. Zu den markantesten gehört der **Akropolis-Kalkfelsen** mit knapp über 150 m ü. NN. Er markiert heute zwar nicht mehr wie in der Antike das Zentrum der Metropole, prägt aber immer noch das Stadtbild. An die Akropolis schließt sich im Nordwesten der **Areopag** mit 115 m Höhe an, im Westen und Südwesten eine weitere Hügelkette mit **Pnyx** ⓮ (110 m), **Nymphen-** (105 m) und **Musenhügel** (147 m). Im Nordosten liegt schließlich der berühmteste Hügel, der **Lykabettós** ⓴ mit knapp 280 m Höhe.

Verkehr und Lärmpegel in der Innenstadt sind rund um die Uhr enorm, was nicht verwundert, spielt sich doch das Leben wegen des Klimas und der beengten Wohnverhältnisse viel stärker im Freien ab als im gemäßigten Mitteleuropa. Infrastrukturell hat sich die Stadt in den letzten Jahren zum Besseren gewandelt, zum einen, was den Nahverkehr, zum anderen, was verkehrsberuhigte Zonen wie die Archäologische Promenade ⓫ um die Akropolis angeht.

Nördlich der Akropolis und Agorá breitet sich die **Altstadt**, mit den Vierteln Monastiráki ⓳ und Pláka ⓴ als touristische Zentren, und schließlich Psirrí aus, das alte Handwerkerviertel. Ausgehend von der Platía Monastirakíou [G7], dem Herz der Altstadt, verbindet die Odós Ermoú die Altstadt mit der Platía Syntágmatos. Nordwärts führen von der Pl. Monastirakíou die geschäftige Odos Athinás und die zur Fußgängerzone umgestaltete Odós Aiólou zum zweiten Hauptplatz, der Platía Omonías ⓴. Diese

☐ *Weißes Häusermeer vor blauer Meereskulisse, durchsetzt von viel Grün*

044at-mb

beiden Plätze, verbunden durch Odós Stadíou, Panepistimíou und Akadimías, markieren das Herz der Neustadt, jenes Athens, das erst nach der Ernennung zur neuen griechischen Hauptstadt 1832 entstanden ist.

Im Westen der Altstadt schließen sich **Thissío** und das ehemalige Industriegebiet **Gázi** – Zentrum des Nachtlebens, Kultur- und Veranstaltungszentrum – an. Nordöstlich des Omónia-Platzes liegt das Studentenviertel **Exárchia**, in dem sich auch das Archäologische Nationalmuseum **30** befindet. Nördlich des Sýntagma mit Parlament, Präsidentensitz und Nationalgarten **35** grenzt die Leof. Vasilíssis Sofías das exklusivere Kolonáki **40** ab.

Die genannten Viertel sind die touristisch interessanten. Zeichen des Aufbruchs sind z. B. in Gérani, Metaxourgío, Chalándri oder Fix zu spüren, wo es punktuell ebenfalls schon interessante Entdeckungen zu machen gibt. Man wird hier jedoch die weitere Entwicklung abwarten müssen.

Von den Anfängen bis zur Gegenwart

Es war lediglich eine relativ kurze Phase von rund 100 Jahren, die die Geschichte Athens prägte und der Stadt eine zentrale Rolle in der europäischen Kulturgeschichte zuwies. Der italienische Philosoph und Schriftsteller Luciano De Crescenzo fasste es in seiner „Geschichte der griechischen Philosophie" (Band 1, „Die Vorsokratiker") so zusammen: „Erstaunliche Menschheit: Da rührt sich 1000 Jahre lang gar nichts, und dann kommt in einem knappen Jahrhundert auf kaum mehr als zwei Quadratkilometern einfach alles in Bewegung!"

Zwischen dem 5. und 4. Jh. v. Chr. legten die Athener die **Basis der abendländischen Zivilisation.** Die damals entstandenen Kunst- und Bauwerke, philosophischen Ideen und das politische System der Demokratie haben unsere moderne Welt entscheidend beeinflusst. Bis heute sind viele Persönlichkeiten der damaligen Zeit unvergessen: Aischylos, Aristophanes, Aristoteles, Demosthenes, Epikur, Euripides, Herodot, Isokrates, Kleisthenes, Lysipp, Perikles, Phidias, Platon, Protagoras, Polyklet, Sokrates, Sophokles, Themistokles, Thukydides …

Es war die **Klassik,** jene Epoche der griechischen Antike, die von etwa 480 v. Chr. bis zur Mitte des 4. Jh. v. Chr. dauerte, die Athens Geschichte maßgeblich prägte. Weder zuvor noch danach hörte man viel von der

045at-mb

◁ *Stadtflagge Athens mit Porträt der Pallas Athene vor der Akropoliskulisse*

Stadt – bis sie zu Beginn des 19. Jh. ausgerechnet von den Bayern aus ihrem Dornröschenschlaf geweckt und **Hauptstadt des unabhängigen Griechenlands** wurde.

Doch zurück in die Antike. Die Vertreibung des letzten Alleinherrschers Hippias im Jahr 510 v. Chr. markierte einen wegweisenden Einschnitt: Kleisthenes schuf die Grundlagen für die **erste Demokratie der Weltgeschichte**. Der politische Umbruch im letzten Jahrzehnt des 6. Jh. v. Chr. markierte auch einen kulturellen Wandel. Die das Abendland entscheidend prägende Griechische Klassik nahm in Athen ihren Ausgang – und der Mensch wurde zum Maß aller Dinge.

Ein politisches Schlüsselereignis war die kriegerische Auseinandersetzung mit dem mächtigen Perserreich im Osten. Zwischen 490 und 479 v. Chr. widersetzten sich zahlreiche griechische Städte und Kleinstaaten unter der Führung Athens und Spartas erfolgreich dem persischen Expansionsdrang. Nach den **Perserkriegen** hatte Athen Ansehen gewonnen und profitierte davon bis in die Spätantike hinein. Thukydides (ca. 460–ca. 400 v. Chr.), der wohl bedeutendste Historiker aller Zeiten, benannte die Epoche vom Rückzug des Xerxes bis zum Ausbruch des Peloponnesischen Krieges als „Pentekontaëtie" („50 Jahre"), als Phase, die vom **kometenhaften Aufstieg Athens zur Großmacht** geprägt war. Damit einher ging der beginnende spartanisch-attische Machtkampf, der in einem verheerenden Bruderkrieg, dem sog. **Peloponnesischen Krieg**, mündete. Gleichzeitig strebte die Demokratie ihre Vollendung an und mit **Perikles** (ca. 495–429 v. Chr.) betrat der wohl größte Politiker Athens die Bühne.

Nach der Kapitulation 404 v. Chr. gegen Sparta war Athen außenpolitisch nurmehr Mittelmaß. Für Aufsehen sorgten jedoch auf kulturellem Gebiet die großen **Philosophenschulen** wie die „Akademie" des Sokrates-Schülers Platon (427–347 v. Chr.), zudem wirkten berühmte Redner wie Isokrates (436–338 v. Chr.) oder Demosthenes (384–322 v. Chr.) in der Stadt.

Der Niedergang Athens stand in Zusammenhang mit dem **Aufstieg des makedonischen Königreichs** in der zweiten Hälfte des 4. Jh. v. Chr. unter Philipp II. Dessen Sohn Alexander sollte später als „der Große" in die

◮ *Perikles – führender Staatsmann und Begründer der attischen Demokratie im 5. Jh. v. Chr.*

Geschichte eingehen. Alexander war stets ein Verehrer Athens gewesen, der Heimat seines Lehrers Aristoteles (384–322 v. Chr.). Für die Periode von seinem Aufstieg bis zur Auflösung der griechischen Welt im Imperium Romanum im 1. Jh. v. Chr. führte der preußische Historiker Johann Gustav Droysen (1808–1884) den bis heute gebräuchlichen Epochenbegriff „Hellenismus" ein.

Weniger die lange Epoche römischer Herrschaft sollte Athen prägen als vielmehr die **Zugehörigkeit zum Oströmischen Reich** mit der Hauptstadt Konstantinopel. Nach dem Niedergang des Weströmischen Reiches 476 n. Chr. war vom Imperium Romanum nur der Ostteil übriggeblieben, der als **Byzantinisches Reich** in die Geschichtsbücher einging.

Der Fall von Konstantinopel 1453 an die Türken bedeutet für den östlichen Mittelmeerraum das Ende des Mittelalters. 1456 eroberten die expansiven **Türken** die Athener Unterstadt und zwei Jahre später die Akropolis. Sultan Mehmet II., der „Eroberer", unterstellte die griechischen Provinzen jeweils einem „Voivoden" (Stadtverwalter), ließ aber die gewachsenen Strukturen bestehen und gewährte sogar Religionsfreiheit.

Im 18. Jh. entdeckten europäische Intellektuelle die griechische Antike und Athen gewann wieder an Bedeutung. Der von Herodot im 5. Jh. v. Chr. geprägte Begriff des „**Philhellenismus**" („Freundschaft zum Griechentum") griff in der Zeit des griechischen Freiheitskampfs gegen die Fremdherrschaft der Osmanen weltweit um sich. Die Gründung eines Geheimbunds 1814 in Odessa, die „Filikí Etería" („Gesellschaft der Freunde"), hatte maßgeblich Anteil an der Vorbereitung des Aufstands gegen

die osmanischen Besatzer am 25. März 1821 (heute Nationalfeiertag). Dieser hatte wiederum die **Erklärung der Autonomie Griechenlands** am 3.2.1830 und die Ausrufung eines unabhängigen griechischen Königreichs am 20.4.1830 zur Folge.

Die europäischen Mächte einigten sich auf die **bayerischen Wittelsbacher** als neue Herrscher in Hellas, schließlich war König Ludwig I. für seine philhellenische Haltung bekannt. Mit dem Staatsvertrag vom 7.5.1832 legte man die rechtliche Basis für ein erbliches Königreich unter Otto, dem Sohn Ludwigs, und ernannte 1834 **Athen zur Hauptstadt des neuen Staates.**

Zum **Begründer des modernen Griechenlands** wurde der griechische Premierminister **Elefthérios Venizélos** (1864–1936). Er führte Verfassungs-, Sozial- und Steuerreformen durch, reorganisierte die Verwaltung, wandte sich gegen staatliche Misswirtschaft, reformierte das veraltete Bildungssystem, dämmte den starken kirchlichen Einfluss ein und trat den Kampf gegen Armut und Missstände an. Venizélos hatte sich die von den Bayern propagierte „Megáli Idéa" („Große Idee") – mit der griechisch-orthodoxen Kirche als Zentrum (bis dato Istanbul) und dem Zusammenschluss aller griechisch besiedelten Gebiete – zum Ziel gesetzt. So landeten 1919 griechische Truppen in Kleinasien, wurden jedoch zurückgeschlagen. 1923 einigten sich Griechen und Türken schließlich auf einen umstrittenen Kompromiss, einen Bevölkerungsaustausch: 1,5 Mio. griechisch-orthodoxe Christen wurden vom anatolischen Festland nach Griechenland umgesiedelt, etwa 500.000 Türken verließen Hellas.

Geschichte auf einen Blick

7. Jahrtausend v. Chr.: Erste Besiedelungsspuren

Um 3200–3000 v. Chr.: Aus dieser Zeit wurden Siedlungsreste auf der Akropolis gefunden.

Um 700 v. Chr.: Die Monarchie in Athen wird von der Oligarchie abgelöst: Die aristokratische Oberschicht wechselt sich in der Machtausübung durch zeitlich begrenzte Ämter (Archonten) ab und kontrolliert durch den Adelsrat (Aeropag) das politische Geschehen.

Um 620 v. Chr.: Drakon fixiert erstmals rechtliche Rahmenbedingungen für das Zusammenleben in der Gemeinschaft.

Anf. 6. Jh. v. Chr.: Solon erweitert diese rechtlichen Grundlagen um eine soziale Komponente und garantiert allen Bürgern Attikas gleiches Recht.

546/545 v. Chr.: Peisistratos setzt sich als Alleinherrscher durch. Das Zeitalter der Tyrannis dauert bis zur Vertreibung seines Sohnes Hippias 510 v. Chr.

508/507 v. Chr.: Kleisthenes legt die entscheidenden Grundlagen für die attische Demokratie.

Um 500 v. Chr.: Mit der Schaffung des Rats der 500 (*Boulé*), in den jede Phyle (Stamm/Sippe) für ein Jahr 50 ausgeloste Vertreter schickt, sind die drei Standbeine der Demokratie geschaffen: Isonomie (Gleichheit vor dem Gesetz), Isotimie (gleiches Recht, Ämter zu bekleiden) und Isegorie (Redefreiheit).

490 v. Chr.: In der Schlacht von Marathon besiegt die von Miltiades angeführte Hoplitenphalanx der Athener ein Expeditionsheer des persischen Großkönigs Dareios.

487/486 v. Chr.: Themistokles übernimmt das Strategenamt und kann endlich seinen großen Plan, den Bau einer schlagkräftigen Flotte, realisieren.

Sommer 480 v. Chr.: Der Nachfolger des Dareios, Xerxes, beginnt erneut mit

KURZ & KNAPP

Attische Demokratie

Bis heute wird die antike Demokratie Athens als Vorbild hochgehalten. Ganz korrekt ist ein Vergleich mit modernen Gegebenheiten jedoch nicht, da es sich damals um eine unmittelbare Demokratie handelte, an der jeder Bürger direkt beteiligt war. Die Wahl aus einer begrenzten Anzahl von „Fachleuten" – aus den Besten oder „Áristoi" – war für die Athener kein demokratisches Element, sondern ein Zeichen von Oligarchie. Es galt das Prinzip, einen Amtsbewerber aus der gesamten Bürgerschaft auszulosen. Die Geschicke und die Freiheit des Gemeinwesens waren das höchste Gut, das Individuum nur zweitrangig. Die Geltung des freien Mannes – nur sie bildeten die Bürgerschaft, im Gegensatz zu Sklaven, Fremden und Frauen – richtete sich in der Demokratie nach dem Beitrag, den dieser für den Staat zu leisten imstande war. Die Teilnahme an der Politik wurde deshalb als besonderes Privileg des Bürgers empfunden.

> **Lesetipp:** Moses I. Finley, Antike und moderne Demokratie (Reclam UB Nr. 9966)

einem gewaltigen persischen Heer und einer großen Flotte, den gesamten griechischen Raum zu erobern. Dabei wird Athen zerstört. Zum Schlüsselereignis wird im Herbst die Seeschlacht bei Salamis: Unter Führung des Themistokles gelingt es den Athenern, die persische Seemacht zu vernichten.

479 v. Chr.: Die Niederlage des persischen Heeres im Frühjahr bei Plataia in Böotien (nördlich Athen) markiert das Ende des Feldzugs des Xerxes.

462/461 v. Chr.: Der Areopag (Adelsrat), von Solon als „Wächter der Gesetze" bezeichnet, wird entmachtet. Ab jetzt geht alle Macht von der Volksversammlung und dem Rat der 500 aus. Bis zu seinem Tod 429 ist Perikles der maßgebliche Politiker Athens.

431–404 v. Chr.: Peloponnesischer Krieg – der Konflikt zwischen Athen und Sparta. Nach der Kapitulation wird Athen zur außenpolitisch unbedeutenden Macht.

146 v. Chr.: Athen wird Teil der römischen Provinz Achaia.

87/86 v. Chr.: Während eines griechischen Aufstands gegen die römische Macht erobern die Römer unter Sulla Athen und zerstören vieles.

31 v. Chr.: Mit der endgültigen Machtübernahme durch Augustus beginnt für Athen eine lange Friedensphase, während der der römische Kaiser und vermögende Privatleute die kulturelle Hauptstadt des Reiches durch Bauten und Stiftungen verschönern.

267 n. Chr.: Die Heruler, ein ostgermanischer Stamm, ziehen plündernd durch Griechenland und verwüsten auch Athen.

395 n. Chr.: Nach der Reichsteilung gehört Athen zum Oströmischen Reich (später Byzantinisches Reich) mit der Hauptstadt Konstantinopel.

529 n. Chr.: Kaiser Justinian lässt die Athener Akademie, letzte Hochburg klassischer Bildung und Wissenschaft, 900 Jahre nach ihrer Gründung durch Platon schließen. Athen versinkt in einen Dornröschenschlaf.

1205–1311: Athen gerät im Verlauf der Kreuzzüge unter fränkische Herrschaft, bis 1388 untersteht die Stadt katalanischen und bis 1394 florentinischen Herrschern.

1456–1458: Die Osmanen erobern Athen.

1830: Nachdem der osmanische Sultan Griechenlands Unabhängigkeit anerkannt hat, wird **1832** der bayerische Wittelsbacher Otto I. neuer griechischer König.

1834: Athen wird zur neuen Hauptstadt des jungen Staates ernannt.

1916: Griechenland tritt auf Seiten der Entente (Frankreich, Großbritannien und Russland) in den Ersten Weltkrieg ein.

1919–1922: Kleinasienkonflikt zwischen Griechenland und der Türkei. Nach der griechischen Niederlage kommt es 1923 zum Bevölkerungsaustausch zwischen beiden Ländern.

28. Oktober 1940: Die Griechen widersetzen sich im Zweiten Weltkrieg dem italienischen Ultimatum zu einem Anschluss. Der „Óchi-Tag" ist heute Nationalfeiertag.

2. Mai 1941: Deutsche Truppen besetzen Athen.

◁ *Premierminister Elefthérios Venizélos war Anfang des 20. Jh. in den Kleinasienkonflikt involviert*

Weiß-Blau: Bayern und Hellas

Bayern spielte eine ganz besondere Rolle bei der Entstehung des modernen Griechenlands. Eine Italienreise 1804/1805 hatte Kronprinz Ludwig von Bayern derart beeindruckt und seine Antikenbegeisterung geschürt, dass er, nach München heimgekehrt, Pläne für eine Antikensammlung schmiedete. Er gewann Martin von Wagner als Agenten und diesem gelang es ab 1810 bis zu seinem Tod 1858 unter anderem, 1813 die berühmten „Ägineten", die Giebelfiguren des Aphaiatempels auf der griechischen Insel Ägina, nach München zu bringen.

Nach Beginn des griechischen Aufstands gegen die Osmanen 1821 schlug sich Bayern sofort auf die Seite der Griechen und unterstützte diese auch finanziell. Besonders Friedrich Thiersch (klassischer Philologe und erster Inhaber des Lehrstuhls für Klassische Archäologie in München) schrieb in der „Augsburger Allgemeinen Zeitung" flammende Artikel über den Befreiungskampf. Mit dem Regierungsantritt Ludwigs I. am 18.10.1825 wurde die Unterstützung der Hellenen ein wesentlicher Punkt in der bayerischen Politik - Ludwig plante sogar eine Militärexpedition! Als Dank dafür übertrugen die europäischen Mächte Frankreich, Russland und England nach der Erlangung der Unabhängigkeit die hellenische Königswürde an die bayerischen Wittelsbacher.

Als Ludwigs Sohn Otto am 6. Februar 1833 in der damaligen griechischen Hauptstadt Nauplia (Náfplio) als neuer griechischer König ankam, herrschten noch bürgerkriegsähnliche Zustän-

de. Aus diesem Grund wurde der hochgeachtete Thiersch als Friedensstifter nach Griechenland geschickt und agierte erfolgreich. Allerdings geriet der liberale Politiker beim bayerischen König zunehmend in Misskredit und wurde abgelöst.

Sah man das Philhellenentum der Bayern in Griechenland durchwegs mit Freude, ruft der Begriff der „Bavarokratie" Skepsis hervor. Bayerischen Beamten fehlte damals jegliche Kompromissbereitschaft, jedes Verständnis für lokale Gegebenheiten und ihre „deutsche Gründlichkeit" führte zu zahlreichen Missverständnissen. Bayerische Organisationsstrukturen und orientalische Realität prallten aufeinander und Ottos Bemühungen „türkische Barbarei" durch europäische Bildung, Ordnung und Sitten zu ersetzen waren nicht immer erfolgreich. Nach Aufständen verließen Otto und seine Frau 1862 Griechenland und König Georg I. von Schleswig-Holstein-Sonderburg-Glücksburg löste ihn ab.

Betrachtet man die „bayerische Epoche" aus der Distanz, muss man zugestehen, dass die bayerischen Gelehrten, Politiker, Militärs und Handwerker unter äußerst ungünstigen Bedingungen die Basis für ein funktionierendes Staatswesen gelegt haben. Dazu gehören der Schutz der Altertümer, Bauordnungen zum Erdbeben- und Brandschutz, Hygienevorschriften und der Bau von Krankenhäusern, die Organisation der Trinkwasserver- und Abwasserentsorgung, der Aufbau einer schlagkräftigen Armee und von Gendarmeneinheiten, die Gründung von Schulen, der Athener Universität sowie der Aufbau eines geregelten Postdienstes und einer modernen Infrastruktur.

1944–1949: Nach dem Rückzug der deutschen Truppen tobt ein Bürgerkrieg.

1967–1974: Eine Militärjunta terrorisiert das Land und die Stadt.

Juli 1974: K. Karamanlís kehrt aus dem Asyl zurück und wird Premierminister. Mittels Volksabstimmung führt man die Staatsform der Präsidialrepublik ein.

1981: Im Athener Zappeíon (s. S. 53) wird das Beitrittsabkommen Griechenlands zur EU unterzeichnet.

1994: Bis zu ihrem Tod am 6. März fungiert die ehemalige Schauspielerin Melína Merkoúri zum zweiten Mal nach 1981–1989 als Kulturministerin. Sie initiiert die Idee der „Kulturhauptstadt" und kämpft um die Rückgabe der „Elgin Marbles".

2001: Griechenland wird in die Eurozone aufgenommen.

2004: Zum zweiten Mal nach 1896 finden die Olympischen Spiele im „Mutterland" statt.

2009: Das neue Akropolis-Museum ⑩ wird eröffnet.

2010: Die griechische Staatsschuldenkrise beginnt und ein erstes Rettungspaket wird geschnürt.

2011: Drastische Sparmaßnahmen der Regierung führen zu Unruhen. Neuer Bürgermeister Athens wird der in New York geborene und unabhängige Politiker Giórgos Kamínis.

2012: Bei vorgezogenen Neuwahlen verlieren die beiden vormals dominierenden Parteien Néa Dimokratía (ND) und PASOK, als neue politische Kraft taucht SYRIZA, die „Koalition der Radikalen Linken", auf.

2014: Giorgos Kamínis wird als Athener Bürgermeister wiedergewählt.

2015: Nachdem die Regierung mit ND und PASOK gescheitert ist, geht SYRIZA unter Aléxis Tsípras als Wahlsieger hervor und bildet seither mit Koalitionspartnern die Regierung.

2019: Im Oktober stehen Parlamentswahlen an.

Leben in der Stadt

Um 1800 war Athen noch eine unbedeutende Provinzstadt mit rund 8000 Einwohnern, dicht und unkoordiniert bebaut und von ausgedehnten Olivenhainen umgeben. Während der Befreiungskriege und der Belagerung 1826/1827 wurde die Stadt fast völlig zerstört und „eine gestaltlose, einförmig graubraune Masse von Schutt und Staub", wie Ludwig Ross 1832 berichtete. Der Glanz der antiken Vergangenheit war verblasst und blieb es bis zur Ernennung Athens zur griechischen Hauptstadt 1834. Bis zum Ende des 19. Jh. hatte sich Athen zum kulturellen Mittelpunkt Griechenlands mit zahlreichen Bildungs- und Wissenschaftseinrichtungen, Museen und Bibliotheken sowie Theatern entwickelt – und ist es geblieben.

Die Regierungsarchitekten der Spezialkommission zur Städteplanung, Stamátios Kleánthis (1812–1862) und Eduard Schaubert (1804–1860), hatten 1832 einen ersten Plan vorgelegt, der eine großzügig angelegte und begrünte Neustadt im klassizistischen Stil vorsah und diese durch Achsen mit der Ausgrabungszone um die Akropolis verband. Wenig später wurde der kühne Entwurf durch illegale Neubauten, Bodenspekulation und Anwohnerproteste in Frage gestellt. Der bayerische König Ludwig höchstpersönlich griff ein und beauftragte seinen Hofarchitekten, den königlichen Baurat **Leo von Klenze** (1784–1864), damit, den Plan zu modifizieren und die Wiederherstellung der Akropolis zu überwachen. Ihm ist es zu verdanken, dass die Altstadtviertel Pláka und Psirrí nicht der Abbruchbirne zum Opfer fielen. Ohne seinen Einsatz gäbe es die Akropolis in ihrer heutigen Form ebenfalls nicht mehr, denn der Berliner Architekt Karl Friedrich Schinkel (1781–1841), Lehrer von Schaubert, wollte auf dem Akropolis-Hügel das Königsschloss errichten – ohne je selbst in Athen gewesen zu sein.

Wenngleich die ambitionierten städtebaulichen Vorhaben in den Ansätzen stecken blieben, hatte sich das Stadtbild trotzdem verbessert. **Große repräsentative Plätze** – allen voran Omónia und Sýntagma –, **Prachtalleen** wie Ermoú oder Panepistimíou, **Monumentalbauten und Villen** waren entstanden. Als Wegbereiter des Klassizismus in Athen – einer Rückkehr zu reinen (antiken) Formen – fungierten in Athen neben Städteplaner Klenze Friedrich von Gärtner (1791–1847), die Dänen Freiherr Theophil von Hansen (1813–1891) und dessen älterer Bruder Christian (1803–1883), der Franzose François Boulanger (1807–1875) und Ernst Ziller (1837–1923). Sie alle trugen maßgeblich zur Entstehung der „**weißen Stadt**" Athen im 19. Jh. bei.

Während des Zweiten Weltkriegs und des Bürgerkriegs sowie forciert durch die folgende Landflucht schossen im Verlauf des 20. Jh. uniforme, primitive Wohn- und Bürobauten aus dem Boden, die Städteplanung wurde vernachlässigt. Ein **Wust an Beton** entstand, der noch heute das Stadtbild prägt. Erst im Vorfeld der Olympischen Spiele 2004 wurden wieder moderne architektonische Akzente gesetzt, z. B. mit dem sehenswerten Olympiastadion von Santiago Calatrava oder den neuen Metrostationen. Das Akropolis-Museum ⑩ und das SNFCC ㊽ sind die jüngsten Belege für modernes, wegweisendes Bauen.

Die Athener

Das griechische Lebensmotto „sigásigá" – „immer mit der Ruhe" – scheint in Athen außer Kraft gesetzt, doch immerhin hat sich die seit der Antike legendäre griechische **Gastfreundschaft**, die *philoxenía,* auch in der Metropole erhalten. Was weniger ausgeprägt ist in Athen, ist der Familiensinn: Die traditionelle griechische Großfamilie ist weitgehend ausgestorben – zu klein sind die Wohnungen, zu hoch die Mieten und Lebenshaltungskosten.

Insgesamt halten die „Rest-Griechen" nicht viel von den Athenern: Sie gelten als Snobs, als **überheblich und stolz, unkontrollierbar und arrogant** – und als Melancholiker, die ihre Stadt gleichzeitig innig lieben und vehement hassen. Der Krimiautor Pétros Márkaris und die Protagonisten

△ *Tradition und Moderne gehen in Athen noch immer eine fruchtbare Symbiose ein* seiner Krimis sind Beispiele für diese zwiespältige Haltung.

Wie alle Griechen sind auch die Athener **Meister der Improvisation** – am Ende klappt alles … oder das meiste. Man trifft sich schnell mal zwischendurch, ruft sich spontan per Mobiltelefon, dem heiß geliebten *kinitó,* zusammen: „Páme ja kafé?" – „Treffen wir uns auf einen Kaffee?" Angesichts der beengten Wohnverhältnisse findet das Leben großteils im Freien, in Cafés und auf den Plätzen, in Parks und auf Straßen statt – und das bis tief in die Nacht.

Im Bereich des **Umweltschutzes** gibt es in Athen noch viel zu tun, in erster Linie in Sachen Plastikmüll. Tüten, Flaschen (v. a. Wasserflaschen) und anderer Kunststoff stellen das Gros des **Mülls** und werden weiterhin großzügig verteilt bzw. verkauft. Immerhin: Mülltrennung gibt es in Form von entsprechenden Behältern (z. B. für Flaschen) an einigen Straßenecken, verbreitet ist das System allerdings noch nicht. Da die Müllabfuhr immer wieder streikt, gehören Müllberge an Straßenrändern zum Stadtbild. Auch die **Luftverschmutzung** ist ein bislang kaum gelöstes Problem.

Tourismus

Zur Lösung der Krise beitragen könnte Griechenland mit einigen Pluspunkten: Tourismus, Seefahrt und Energiewirtschaft. Wie bedeutend der Tourismus für die Wirtschaft das Landes ist, zeigt der neue **Boom** 2016 und 2017 mit Rekordzahlen von geschätzten 30 Mio. Besuchern für Griechenland und über 5 Mio. für Athen (2017). Wichtig wird sein, das Augenmerk nicht zu sehr auf die Besucher aus China und den Kreuzfahrttourismus zu legen, sondern auf die Individualreisenden.

Neben der **Hotelindustrie**, die sich mittlerweile erholt hat und als Wirtschaftsmotor dienen kann, könnten Kleinunternehmer – sprich Tavernen- und Ladenbesitzer – von dem Besucherzustrom profitieren. In Athen sind in der Altstadt diesbezügliche Ansätze zu spüren, viele kleine, attraktive Läden und Boutiquen sowie neue Lokale haben eröffnet. Die legendäre griechische Gastfreundschaft spielt für die Beliebtheit Griechenlands eine maßgebliche Rolle, hinzu kommt, dass die Preise moderat sind und das Angebot breit gefächert ist.

Alltag in der Krise

*„Die Regierung stürzt ihr Volk",
schrieb der ehemalige Finanzminister und angesehene Wirtschaftswis-
senschaftler Yánis Varoufákis in seinem Buch „Die ganze Geschichte.
Meine Auseinandersetzung mit Europas Establishment". Damit bezieht er
sich auf die Annahme der EU-Richtli-
nien zu den Rettungspaketen durch
die griechische Regierung unter Aléxis Tsípras. Und damit spricht er wohl
vielen Griechen aus der Seele …*

Es ist viel geschrieben und diskutiert worden über die Krise in Griechenland, wobei sich die deutsche
Presse nicht immer durch Fachkennt-
nis und Kompetenz auszeichnete.

Angesichts dessen verwundert es
auch um so mehr, dass die meisten
Griechen gegenüber deutschen Besuchern noch immer die Gastfreundschaft über alles stellen. Hierzu einige Gedanken und Bemerkungen:

Die Gründe für die Krise sind eigentlich nur vordergründig in der Ver-
schuldung zu suchen – der griechische Staat hatte schon immer Schul-
den. In Wahrheit handelt es sich um
eine **Krise des politischen Systems**
– um Klientelwirtschaft, interne Kor-
ruption, verkrustete Monopolstruk-
turen und eine überdimensionier-
te, wenig effektive Verwaltung – **und
der Gesellschaft.** So sahen die regie-
renden Parteien, bis 2015 wechsel-
ten sich die konservative Néa Dimokratía und die sozialistische PASOK
in der Regierungsverantwortung ab,
und die Gewerkschaften den Staat
als „Melkkuh". So ermöglichte man
den Bürgern, die der Politik seit jeher misstrauisch gegenüber standen,
Wohltaten – finanziert auch durch
Auslandskredite. Für diese Art der Zu-
wendungen durch die Parteien gibt es
ein Sprichwort in Griechenland: „Einen
Onkel in Koróni haben". Das meint,

◁ *Man wirft so schnell nichts weg:
hier ein altes Fischerboot in Piräus* **41**

△ *Seit der Wirtschaftskrise sind viele
Geschäfte und Lokale in Vierteln wie
Exárchia (s. S. 49) noch geschlossen*

Lesetipp

Varoufákis' Schilderung der Ereignisse während der Krise öffnet die Augen und ist ein Weckruf, die europäische Demokratie zu erneuern. Die Griechen sind nicht allein die „bösen Buben", die EU hat – bewusst und unbewusst – viele Fehler gemacht. Noch ist es nicht zu spät, neue Ideen zu verwirklichen und für Würde, Gerechtigkeit und Wahrheit zu sorgen.

❯ **Yánis Varoufákis, Die ganze Geschichte. Meine Auseinandersetzung mit Europas Establishment** (Verlag Antje Kunstmann, 2017)

050at©Verlag Antje Kunstmann

und französischer Firmen und Banken hielt man die Wahrheit lieber unter der Decke. Wie dem auch sei, Jammern und Wehklagen nützt nichts mehr, der **Weg aus der Krise** kann nur gemeinsam erreicht werden. Von Seiten der EU wäre ein Wirtschaftsförderungsprogramm ebenso notwendig wie Eigeninitiative der Griechen, besonders was eine Reform des Steuerwesens und des Gesundheitssystems, den Personalabbau im öffentlichen Dienst und das Aufbrechen von Monopolen betrifft.

Zunächst müssen jedoch weiter die schwerwiegendsten Auswirkungen der Krise bekämpft werden, z. B. die Tatsache, dass die „kleinen Leute", öffentliche Angestellte und Rentner, am stärksten zur Kasse gebeten werden. So muss rund ein Viertel der Rentner mit monatlich weniger als 500 € auskommen. Auch die Ungleichbehandlung bei der Steuer sollte ein Ende haben. Da es kaum wirksame Kontrollen und Sanktionen für „Steuersünder" gibt, wird weiterhin in großem Umfang hinterzogen. Die einst unter Finanzminister Varoufákis etablierte Steuerfahndungsbehörde wurde nach seiner Entlassung schnell wieder aufgelöst.

Wie Varoufákis kluge Erörterungen aufzeigen, ist weder die EU noch die neue griechische Regierung derzeit in der Lage und willens, grundlegende Änderungen einzuleiten. Doch die Zeit läuft davon: Auch wenn man überall in Athen und Griechenland eine kreative Aufbruchsstimmung spürt und die Arbeitslosenquote stetig, wenn auch langsam, sinkt – sie liegt derzeit noch bei über 20 %, bei jungen Griechen sogar über 40 %. Bleibt nur zu hoffen, dass man endlich aus den Fehlern der Vergangenheit lernt.

dass man gute Beziehungen zu einem staatlichen Amtsträger hat. Es entstand ein **System der Gefälligkeiten**, bei dem es Bittstellern half, ein „fakeláki", ein mit Geldscheinen gefülltes „Umschläglein", bereitzuhalten.

Auch über die **Kreativität bei der Erstellung griechischer Statistiken** dürfte man in Brüssel schon länger Bescheid gewusst haben, doch wegen der guten Geschäfte deutscher

PRAKTISCHE REISETIPPS

An- und Rückreise

Mit Zug oder Auto

Mit dem Zug nach Ancona, von dort mit der Fähre nach Pátras, weiter mit der Bahn nach Athen – das ist nicht nur zeitaufwendig, sondern zugleich kostspielig und stellt keine echte Alternative zum Flug dar. Mit dem eigenen Pkw könnte man höchst zeitaufwendig über den Balkan fahren, schneller und bequemer wäre die Kombination mit einer Schiffspassage von Italien (Ancona) nach Griechenland. Von Pátras sind es noch etwa drei Stunden nach Athen. Diese Variante lohnt sich evtl. dann, wenn Athen nur ein Zwischenstopp auf einer längeren Griechenlandreise ist.

Mit dem Flugzeug

Je nach Veranstalter, Fluggesellschaft, Buchungstermin bzw. Saison und Abflughafen schwanken die **Flugpreise,** allerdings nicht sehr stark. Besonders außerhalb der Hauptsaison (v. a. vor Ostern sowie ab Oktober) lassen sich Schnäppchen machen. Am teuersten sind Flüge während der Sommerferien und in der Osterzeit. Die Preise beginnen in der Nebensaison bei ca. 150 €, in der Hauptsaison bzw. um Ostern steigt der Durchschnittspreis auf etwa 300–400 €.

Die **Flugdauer** beträgt ab München etwa zwei Stunden. Lufthansa und Aegean – mehrfach für seinen exzellenten Service ausgezeichnet – fliegen von mehreren deutschen Flughäfen ganzjährig nonstop, außerdem bedient Eurowings von Ende

◁ *Griechisch mit bayerischem Einfluss: die blau-weiße Staatsflagge*

März bis Ende Okt./Anf. Nov. ein- bis zweimal wöchentlich von Köln-Bonn, Stuttgart und Düsseldorf den Athener Flughafen.

Athens internationaler **Flughafen Elefthérios Venizélos** liegt ca. 20 km östlich des Zentrums, nahe dem Ort Spáta. Der Flughafen ist modern, sehr großzügig dimensioniert und sauber. Vor allem empfehlenswert, da günstig und mit guter Auswahl, sind die zugehörigen Hellenic Travel und Hellenic Gourmet Shops, aber auch Läden wie Korrés (Kosmetik), Anamnesía (griech. Design, Accessoires, Mitbringsel, s. S. 88) oder Folli Follie (Schmuck, Accessoires) lohnen einen Besuch. Dazu gibt es Imbisse/Restaurants, z. B. Filialen von I Veneti und Flocafe, und Geldwechsel, Post, Infostelle und Autovermietung.

❯ www.aia.gr, Tel. 2103530000

Die schnellste und bequemste Möglichkeit, in die Innenstadt zu gelangen, ist die (blau gekennzeichnete) **Metro-Linie 3** (Athens International Airport – Agía Marína). Sie bringt Fluggäste in etwa 40 bis 45 Minuten (Abfahrt alle 30 Min., 5.30–23 Uhr bzw. 6.30–23.30 Uhr vom Flughafen) ohne Umstieg von einem eigenen, gut ausgeschilderten Flughafenbahnhof in die Innenstadt (mehrere Stopps). Die Fahrt mit Metro oder Railway kostet einfach bzw. für eine Person 10 €, hin und zurück (innerhalb 48 Std.) bzw. für zwei Personen 18 € und gilt auch beim Umsteigen in andere Metro-Linien.

Achtung! Die Standard-Metro-Tickets zu 1,40 € bzw. die Tageskarten gelten nicht vom/zum Flughafen (Kontrollen!). Ausnahme ist das „3-day Tourist ticket" zu gegenwärtig 22 €, das die Fahrt vom und zum Flughafen einschließt.

❯ www.stasy.gr

Mehrere **Airport-Express-Buslinien** (X93, 95, 96, 97) fahren in rund 45–60 Min. (je nach Verkehr) vom Flughafen zu verschiedenen Zielen. Für die meisten relevant ist die Linie **X95**, die rund um die Uhr alle 15 bis 30 Minuten zum Sýntagma-Platz ㉝ im Zentrum verkehrt. Die Linie **X96** bedient den Fährhafen in Piräus ㊶. Die Busse fahren auf der Ankunftsebene, zwischen Ausgang 4 und 5 ab und kosten derzeit 6 € (einfache Fahrt). Wer mit der Metro weiterfährt, muss zusätzlich ein entsprechendes Ticket lösen.
› www.athensairportbus.com/en bzw. www.oasa.gr

Je nach Ziel kann auch die **OSE Suburban Railway** genutzt werden. Dabei ist ein Umstieg an der Station „Doukíssis Plakentías" in die Metro-Linie 3 bzw. an der Station „Neratziótissa" in die Metro-Linie 1 nötig. Die S-Bahn fährt vom Flughafen zum Bahnhof Athen, von dort geht es auch weiter nach Piräus.
› www.trainose.gr

⌂ *Der anlässlich der Olympischen Spiele 2004 neu gebaute Flughafen ist modern und übersichtlich*

Ein Fahrt mit dem **Taxi** ins Zentrum kostet tagsüber 38 € und von 0 bis 5 Uhr 54 € (Stand: Winter 2017/2018). Mit dem **Mietwagen** geht es auf der Ring-Autobahn „Attikí Odós" in die Stadtmitte, was je nach Verkehr mindestens genauso lange dauert wie mit der Metro und aufgrund des häufigen Verkehrschaos nicht zu empfehlen ist.

EXTRAINFO

Hinweise zur Ein- und Ausreise

Minderjährige, die allein oder mit Erwachsenen, die nicht ihr gesetzlicher Vormund sind, oder mit nur einem Elternteil einreisen, benötigen eine amtlich beglaubigte **Einverständniserklärung** des anderen Elternteils bzw. Erziehungsberechtigten.

Dank des Schengen-Abkommens ist (mit Ausnahme der Schweiz) die **Warenein- und -ausfuhr** in unbegrenzter Menge erlaubt, es existiert lediglich ein Richtmengenkatalog. Antiquitäten und Kulturgegenstände dürfen nicht aus Griechenland ausgeführt werden.

Autofahren

In Athen sollte man besser auf Mietwagen oder eigenes Auto verzichten, denn Autofahren kostet Nerven und erfordert Unerschrockenheit und schnelle Reaktionsfähigkeit. Im Stadtverkehr herrscht vor allem zu Stoßzeiten (8–10 und 13–15 bzw. 17–18 und nach 20 Uhr) **Chaos. Staus** gehören zur Tagesordnung und Parkplätze sind Mangelware. Auch aufgrund der unvorhersehbaren Fahrweise der Griechen und gefährlich agierender Zweiradfahrer sollte man, wenn möglich, auf den Nahverkehr ausweichen (s. S. 127).

> Internationale ADAC-Pannenhilfe: Tel. +49 89 222222

Parken stellt in Athen ebenfalls eine Herausforderung dar und ist am Straßenrand (mit Parkautomaten) ohne genaue Ortskenntnis höchst schwierig. Falschparken kostet mindestens 50 €. Ein großes Parkhaus in zentraler Lage, nahe Sýntagma, ist

🏠**175** [I7] **Metropark**, O. Mitropóleos 21–23 und Patróou 8, erste Stunde 8 €, jede weitere 1 €

Verkehrsverstöße werden mit Strafzetteln und Punkten geahndet (Falschparken ab 80 €!). Die Geldstrafe kann in Postämtern gezahlt werden.

Barrierefreies Reisen

Athen ist **keine behindertengerechte Stadt**. Unebenes Pflaster, fehlende Gehwegabsenkungen, hügeliges Terrain und rutschige Oberflächen machen v. a. Rollstuhlfahrern das Leben schwer. Es fehlt vielfach an notwendigen Einrichtungen wie Behindertentoiletten oder Aufzügen bzw. behindertengerechten Hotelzimmern.

Zur **Akropolis** ❶ wurde ein Rollstuhllift installiert, allerdings ist, oben angekommen, die Besichtigungsrunde eher beschwerlich. **Metro, Tram** und viele **Busse** sind für Rollstuhlfahrer zugänglich – vorausgesetzt, die Verkehrsmittel sind nicht restlos überfüllt. Tipps und Hinweise zum Herumkommen in Athen liefern die folgenden Websites bzw. Stellen:

> www.accessibletravel.gr
> www.sagetraveling.com/Athens-Disabled-Access
> **Taxiservice für Behinderte:** Tel. 2109351757 oder 0944535762

◁ *Autofahren – und v. a. Parken – ist in Athen wahrlich kein Spass!*

Diplomatische Vertretungen

● **176** [K7] **Deutsche Botschaft Athen**, O. Ipsilántou 10, Kolonáki (Metro: „Evangelismós"), Tel. 2107285111, www.athen. diplo.de, Mo.–Fr. 9–12 Uhr bzw. in Notfällen: Tel. 6932338153

● **177** [K7] **Österreichische Botschaft Athen**, Leof. Vas. Sofías 4 (Metro: „Sýntagma"), Tel. 2107257270, www.bmeia. gv.at/botschaft/athen.html, Mo.–Fr. 10–12 Uhr

● **178** [M6] **Schweizer Botschaft Athen**, O. Iasíou 2 (Metro: „Evangelismós"), Tel. 21072303-64, -65, -66, www.eda. admin.ch/countries/greece/de/home/ vertretungen/botschaft.html, Mo.–Fr. 10–12 Uhr

Geldfragen

Am unkompliziertesten ist die Geldbeschaffung mittels **Maestro-(EC-) oder VPAY-Karte** und Geheimnummer. Meist gegen Gebühr (vorher bei der Hausbank erkundigen!) lässt sich damit an jedem Automaten Bargeld ziehen. Meist teurer kommen Abhebungen mit **Kreditkarte.** Sie werden in besseren Restaurants und Shops in Athen akzeptiert, aber generell sollte man sich nicht darauf verlassen.

In Hellas tragen alle Scheine und Münzen bis 1 € neben „ΕΥΡΩ" auch die griechische Aufschrift „Evro", kleinere Münzwerte werden offiziell griechisch mit „Leptá" bezeichnet, wobei jedoch die 1-, 2- und 5-Centmünzen so gut wie nicht im Umlauf sind.

Athen ist eine preislich **relativ günstige europäische Großstadt.** Während die Hotelpreise im europäischen Schnitt liegen, ist das **Essen in Lokalen** eher etwas günstiger (mit Aus-

Athen preiswert

❯ *Für Athenbesucher bietet sich das* ***Kombiticket*** *für 30 € (ermäßigt 15 €) für fünf Tage an, das die archäologischen Highlights in Athen umfasst: Akropolis* ❶*, Agorá* ⓲*, Hadrians-Bibliothek* ㉑*, Kerameikós* ⓯*, Olympieion* ⓬ *und Römische Agorá* ㉒*.*

❯ *Empfehlenswert ist das* ***24-Stunden-Ticket*** *(4,50 €) bzw. das Ticket für 5 Tage (9 €) für den gesamten öffentlichen Nahverkehr ohne Flughafenlinien. Zwei Airport-Fahrten umfasst das 3-Tagesticket zu 22 €.*

❯ *Geld sparen kann man, wenn man sich auf* ***Märkten, an Imbiss- und Verkaufsständen*** *oder den zahlreich vorhandenen Bäckereien selbst versorgt oder sich in Kneipen außerhalb der Touristenregionen wagt.*

054aa-mb

⌂ *Geld lässt sich mit Karte leicht am Bankautomaten beschaffen*

055at-mb

nahme von Alkohol). Selbstversorger kommen, vor allem auf den Märkten, besser weg als in anderen europäischen Städten. Die **Nahverkehrs- und Eintrittspreise** sind zudem vergleichsweise niedrig.

Informationsquellen

Infostellen zu Hause

Die Griechische Zentrale für Fremdenverkehr (GZF), auch Greek National Tourism Organisation (GNTO) oder griechisch „EOT" (Ellínikós Organismós Tourismoú) genannt, unterhält Filialen in Deutschland und Österreich:

> **Griechische Zentrale für Fremdenverkehr,** Direktion für Deutschland, Holzgraben 31, 60313 Frankfurt am Main, Tel. 069 2578270

> **Griechische Zentrale für Fremdenverkehr,** Direktion für Österreich, Opernring 8, 1010 Wien, Tel. 01 5125317

> **Website:** www.visitgreece.gr (auch Engl.)

🔲 *Printmedien sind in Griechenland verbreitet und an Kiosken erhältlich*

Infostellen vor Ort

Es gibt kein zentrales Besucherzentrum mehr, dafür **Info-Kioske** auf Plätzen, in denen Fragen beantwortet werden und es neben (wenig) Printmaterial auch Touchscreens und einen Stadtplan gibt. In der Nebensaison können die Öffnungszeiten verkürzt sein.

🟠**179** [I8] **Athens Info Point Kiosk Akropolis,** O. Dionysíou Areopagítou/Leof. Vas. Amalías (nahe Olympieion), Mai–Sept. tgl. 9–21 Uhr

🟠**180** [I7] **Athens Info Point Kiosk Sýntagma,** Pl. Sýntagmatos West, nahe O. Ermoú, Mai–Sept. tgl. 9–21 Uhr

> **Athens Info Point Airport,** International Airport Elefthérios Venizélos (Ankunftsbereich), Tel. +302103530390, tgl. 8–20 Uhr

🟠**181** [H8] **GNTO Tourist Information Office,** O. Dionysíou Areopagítou 18–20, Tel. +30 2103310529, tgl. 9–21 Uhr. Infostand des Griechischen Fremdenverkehrsamts nahe dem Akropolis-Museum.

🟠**182 Piraeus Port Authority,** am Kreuzfahrtschiffhafen Piräus (Ankunftsbereich), Mai–Sept. tgl. außer So. 8–13 Uhr

Die Stadt im Internet

Griechenland allgemein

> **www.visitgreece.gr/en** – offizielle Seite der griechischen Tourismusorganisation (GNTO, auf Englisch) mit Sehenswürdigkeiten und Museen

> **www.culture.gr/en** – Website des Kulturministeriums mit ausführlichen Listen zu Museen und Ausgrabungen sowie Events

> **www.gtp.gr** – Greek Travel Pages (GTP) mit Infos zu einzelnen Städten und speziell zu Fähren und Unterkünften

> **www.griechenland.net** – aktuelle News, Reportagen und Tipps der einzigen deutschsprachigen Zeitung (wöchentlich) in Griechenland, auch Magazin (vierteljährlich) und Buchverlag

Zu Athen

> **www.thisisathens.org** – schick aufgemachte Seite des Tourismusamts Athen mit Tipps zum Erkunden der Stadt, zu Attraktionen und Sights, Veranstaltungen und Social Media

> **www.athensguide.com** – persönlicher „Athens Survival Guide" des amerikanischen Griechenlandfans und Journalisten Matt Barrett mit hilfreichen reisepraktischen Infos aller Art, Viertelbeschreibungen, Karten und amüsanten Hintergrundstorys

> **www.greece-is.com/athens** – Web-Auftritt der gleichnamigen Magazins mit interessanter „Made in Greece"-Rubrik zu lokalen Produkten und kreativen Entwicklungen

> **www.keeptalkinggreece.com** – englischsprachiger Newsblog zu Politik und Gesellschaft, Kultur und Wirtschaft

Empfehlenswerte Apps

> **OASA Telematics/Transport for Athens** (http://telematics.oasa.gr/en) – App zum öffentlichen Nahverkehr in der Stadt, gratis für Android und iOS

> **Foursquare Athens** (https://de.foursquare.com) – Tipps (Schwerpunkt Lokale, Nightlife), gratis für iOS und Android

> **AthensBook** (www.athensbook.gr) – hilfreiche Infos allgemeiner Art zu Athen, zu Läden und Lokalen, Nahverkehr und Veranstaltungen, Apotheken und Ärzten für den Notfall, gratis für iOS und Android

> **Acropolis Athens**, Details zur Athener Akropolis ❶, 1,09 € für Android

Printmedien

Deutsche Tageszeitungen (meist einen Tag alt) **und Magazine** sind mit Preisaufschlag an vielen Kiosken im Stadtzentrum erhältlich. Mit der **Griechenland Zeitung** gibt es eine wöchentlich erscheinende deutschsprachige Zeitung (www.griechenland.net, 3 €). Hier finden sich Informationen zu praktischen Belangen, ein Veranstaltungskalender, Anzeigen sowie Hintergrundstorys und aktuelle Nachrichten.

An **Tageszeitungen** gibt es u.a. To Víma (liberal – englische Website: www.tovima.gr/en) sowie I Kathimeriní (konservativ/liberal – engl.: www.ekathimerini.com). Neu ist das unabhängige und lesenswerte **Stadtmagazin Schedía** (www.shedia.gr – nur griechisch, engl. Internetauftritt im Aufbau).

Gratis an Info Points, in Hotels, Läden u.a. Stellen gibt es Printmaterial wie eine „Athens map", „Athens by metro & tram", „Glyfáda – Athens Riviera map". Schön aufgemacht ist das zweimal jährlich erscheinende Hochglanzmagazin „Greece is Athens" (gratis, mit vielen Tipps und Schwerpunktthemen), wohingegen der „Athens Guide" eher aus Empfehlungs-Listen und Karten besteht.

Internet

Viele bessere **Hotels** stellen gratis bzw. gegen geringe Gebühr (**WLAN-)Internetzugang** im Zimmer zur Verfügung. **athenswifi** (www.athenswifi.gr/en) ist derzeit im Umkreis von Platía Syntagmátos **㉝**, Thissío und Kotziá verfügbar, ebenso im Flughafen („ATH Free Wi-Fi"). Auch in vielen Museen und Cafés ist Gratis-Internet vorhanden.

Unsere Literaturtipps

❭ J. Burckhardt: **Griechische Kulturgeschichte** (Insel-Verlag). R. R. Wuthenow traf eine Auswahl aus Jacob Burckhardts 1898–1902 erschienener kurzweiliger Darstellung des griechischen Lebens in all seinen Aspekten – ein lesenswerter Klassiker!

❭ L. De Crescenzo: **Geschichte der griechischen Philosophie I/II** (Diogenes). Eine unterhaltsam zu lesende Einführung in die griechische Philosophie.

❭ Níkos Dímou: **Über das Unglück, ein Grieche zu sein** (1975/2011, deutsch 2012, Verlag Antje Kunstmann). Amüsante Darstellung des griechischen Wesens.

❭ N. Eideneier, S. Georgallídis (Hrsg.): **Die Erben des Odysseus. Griechische Erzählungen der Gegenwart** (dtv). Anthologie, die 30 Autoren der gegenwärtigen griechischen Literaturszene vereint.

❭ Chrístos Ikonómou: **Warte nur, es passiert schon was. Erzählungen aus dem heutigen Griechenland** (C. H. Beck Verlag). Eindrucksvolle Geschichten aus dem von der Krise geschüttelten Land.

❭ Die **Krimis von Pétros Márkaris** (alle bei Diogenes) schildern auf unterhaltsame und spannende Weise das Alltagsleben in Athen. Die letzten Krimis widmen sich besonders dem Leben in und mit der Krise (u. a. „Faule Kredite", „Zahltag", „Abrechnung", „Zurück auf Start" und zuletzt „Offshore").

❭ F. Pfister: **Götter und Heldensagen der Griechen** (Universitätsverlag Winter). Mythologisches Basiswissen unterhaltsam vermittelt.

❭ Yánis Varoufákis: **Die ganze Geschichte. Meine Auseinandersetzung mit Europas Establishment** (Verlag Antje Kunstmann). Die Ereignisse der Krise aus der Sicht des ehemaligen Finanzministers und Wirtschaftswissenschaftlers, interessante und manchmal schockierende Einblicke.

Antike griechische Autoren

❭ Pausanias: **Reisen in Griechenland** (3 Bände, Artemis & Winkler) bzw. **Beschreibung Griechenlands** (Manesse). Der erste Band des antiken Reiseschriftstellers widmet sich Athen und Attika.

❭ Aristoteles: **Der Staat der Athener** (Reclam). Klassische Schrift über Geschichte, Verfassung und politische Organe Athens vom späten 7. bis Ende des 5. Jh. v. Chr.

❭ Platon: **Der Staat** (Reclam). Platons Hauptwerk, das sich der Frage widmet, wie und ob Gerechtigkeit in einem idealen Staatswesen verwirklicht werden kann.

❭ Thukydides: **Der Peloponnesische Krieg** (Reclam). Schilderung des griechischen Bruderkrieges.

Medizinische Versorgung

Für medizinische Versorgung, **Arztpraxen** *(Iatrík)* und **Krankenhäuser** *(nosokomio),* ist in Athen hinreichend gesorgt und auch sprachlich dürfte es kaum Probleme geben. Eine ärztliche Behandlung ist für Touristen in staatlichen Einrichtungen im Notfall kostenlos. Die **Europäische Krankenversicherungskarte** (EHIC) auf der Rückseite der Versicherungskarte wird jedoch nicht per se akzeptiert. Sie muss bei der Sozialversicherungsanstalt I.K.A. vorgelegt werden, die daraufhin eine Anspruchsbescheinigung und Liste der Vertragsärzte oder -krankenhäuser ausgibt. Daher ist es sinnvoll, eine **Reisekrankenversicherung** abzuschließen.

Eilt es, ist es günstiger, bar zu bezahlen und zu Hause Rückerstattung von der Versicherung zu beantragen.

Apotheken (φαρμακείο) sind mit einem grünen Kreuz gekennzeichnet, haben normale Ladenöffnungszeiten und Wochenenddienst wie am Eingang vermerkt. Meist bieten sie auch eine große Auswahl an Kosmetikartikeln an.

- **183** [H7] **Farmakeío**, O. Ermoú 74. Apotheke in der Fußgängerzone bei der Pl. Monastirakíou.
- **184** [H5] **Farmakeío G. Bakákos**, O. Agíou Konstantínou 3. Nahe Omónia gelegene Apotheke.

Auf der Website der deutschen Botschaft (s. S. 111) wird eine **monatlich aktualisierte Liste deutschsprachiger Ärzte** in Athen bereitgestellt.

- **185** [I1] **Doctors Hospital**, O. Kefaliniás 26/O. Patisíon, Tel. 2108807000, www.doctorshospital.gr, rund um die Uhr geöffnet, mit Notaufnahme

Infos für LGBT+

Was im antiken Griechenland noch gang und gäbe war (v. a. männlicherseits), ist im modernen Hellas bis heute noch weitgehend verpönt. Athen bildet die Ausnahme in der sonst sehr konservativen, von der orthodoxen Kirche und Familienbanden geprägten griechischen Gesellschaft und gilt als das griechische LGBT-Zentrum. Geballt finden sich Bars, Klubs und Cafés in den Stadtteilen Gázi [E6] – Leof. Konstantinoupóleos oder O. Triptolémou, „Gay Village" genannt, und um die Kerameikos-Metro-Station [E6] (Ierá Odós, O. Megálou Alexándrou). Im Sommer ist der Felsstrand Limanákia B in Vouliagméni (Nacktstrand) mit seinen Höhlen beliebt.

Ein Hauptevent ist das Athens Pride Festival im Juni (http://athenspride.eu). Eine Frauenkooperative heißt Beaver Cooperativa und sie betreibt ein nettes Café-Bar in der O. Vas. Tou Megálou 46A (www.facebook.com/collectivabeaver).

Weitere Infos:
- *www.thisisathens.org/experience/things-to-do/gay-athens*
- *www.travelgayeurope.com/destination/gay-greece/gay-athens mit ausführlichen Tipps zu gay-friendly Locations.*

- **186** [H5] **I.K.A. (Hauptstelle)**, O. Ag. Konstantínou 8 (nahe Pl. Omónias)
- **187** [J6] **I.K.A. (Filiale)**, O. Akadimías 21 (nahe Pl. Syntágmatos)
- **Ambulanz:** Tel. 166
- **Krankenhäuser und Apotheken**, Tel. 1434 (Auskunft über nahe Kliniken, diensthabende Ärzte und Apotheken)

056at-mb

❯ **SOS Doctors 1016:** Tel. 1016, www. sosiatroi.gr, Rund-um-die-Uhr-Versorgung (auch zahnärztlich) zu Hause (d. h. im Hotel) bzw. Hinweis auf eine nahe Arztpraxis

Hygiene

Öffentliche Toiletten – mit der Beschriftung „ΑΝΔΡΩΝ" (männlich) und „ΓΥΝΑΙΚΩΝ" (weiblich) – sind eher selten und nicht immer empfehlenswert. Wasserspender gibt es in vielen Ausgrabungsstätten und Parks, wobei das **Leitungswasser** generell zwar trinkbar ist, aber manchmal nach Chlor schmeckt. An den zahllosen Kiosks kann man preiswert Wasser in Plastikflaschen aus dem Kühlschrank kaufen.

◻ *Apotheken sind in Griechenland klar durch ein grünes Kreuz gekennzeichnet*

Mit Kindern unterwegs

Während in **Restaurants** und **Hotels** Kinder gern gesehen sind, ist es in der Stadt kein leichtes Unterfangen, mit Kinderwagen oder Buggy herumzukommen. Unebene Straßenübergänge und Kopfsteinpflaster, Baustellen, Missachtung von Ampeln, zu schmale bzw. vollgeparkte Fußwege oder rasante Motorräder machen es für Eltern wie Kinder schwierig. Für Ausgrabungsbesichtigungen ist ein geländegängiger Buggy oder, besser noch, eine Rückentrage ratsam. Athen hat andererseits vielerlei Attraktionen für Kinder zu bieten, so u. a.:

❯ **Nationalgarten** **35** mit Ententeich und Spielplatz sowie Streichelzoo
❯ Stündlicher Wachwechsel vor dem **Parlament** **34**
❯ Fahrt mit der Seilbahn auf den **Lykabettós** **40**
❯ **Museum of Greek Children's Art** (s. S. 68)
❯ **Athens Happy Train,** Tel. 2109211444, www.athenshappytrain.com. Touristen-„Tram" durch die Altstadt, Abfahrt: Pl. Syntágmatos.
❯ **Kutschfahrten** rings um die Akropolis (ab O. Ap. Pávlou)
❯ **Schattenspieltheater Figoúres kai Koúkles** (s. S. 84)
❯ **Weitere Tipps für Familien:** www. thisisathens.org/experience/things-to-do/athens-for-families

Notfälle

Verlust und Diebstahl

Bei Diebstahl oder Verlust ist immer eine **Meldung bei der Polizei** und die Anfertigung eines Polizeiprotokolls erforderlich, danach eine Meldung bei der betreffenden Stelle (z. B. Botschaft, Fluggesellschaft oder Bank), möglichst mit Nummern bzw. Kopien der entsprechenden Dokumente.

➤ **188** [H9] **Athens Police Directorate/ Athens Tourist Police Service**, O. Veï-kou 43–45, Tel. 2109200730 oder 2109200727

Kartensperrung

Bei Verlust der Debit-(EC-), Kredit- oder SIM-Karte gibt es für Karten-sperrungen eine deutsche Zentral-nummer (vor der Reise klären, ob die eigene Bank bzw. der jeweilige Mobil-funkanbieter diesem Notrufsystem angeschlossen ist). Aber Achtung: Mit der telefonischen Sperrung sind die Bezahlkarten zwar für die Bezahlung/ Geldabhebung mit der PIN gesperrt, nicht jedoch für das Lastschriftver-fahren mit Unterschrift. Man sollte daher den Verlust zusätzlich bei der Polizei zur Anzeige bringen.

In Österreich und der Schweiz gibt es keine zentrale Sperrnummer, da-her sollten sich Besucher aus diesen Ländern vor der Abreise bei ihrem Kreditinstitut über den zuständigen Sperrnotruf informieren.

Generell ist es sinnvoll, sich die wichtigsten Daten wie Kartennum-mern und Ausstellungsdatum sepa-rat zu notieren.

➤ **Deutscher Sperrnotruf:** Tel. +49116116 oder +493040504050
➤ **Weitere Infos:** www.kartensicherheit.de, www.sperr-notruf.de
➤ **Fundstellen:** Am Flughafen (Tel. 2103530515) wie auch im Nahver-kehr gibt es Fundstellen (www.oasa.gr/ content.php?id=lost&lang=el).

▷ *Mit Öffnungszeiten nimmt man es in Griechenland nicht immer so genau …*

Notrufnummern

➤ **Notruf:** Tel. 112
➤ **Ambulanz:** Tel. 166
➤ **Feuerwehr:** Tel. 199
➤ **Polizei:** Tel. 100 (Notfall), Tel. 1033 (Sonstiges)
➤ **Touristenpolizei:** Tel. 171
➤ **SOS Doctors:** Tel. 1016

Öffnungszeiten

Es gibt keine allgemein verbindlichen Ladenöffnungszeiten und daher sind die nachfolgenden Angaben nur An-haltspunkte. Während **Kaufhäuser**, **Supermärkte**, **Souvenirshops**, aber auch **Konditoreien** meist Mo.–Sa. durchgehend bis abends (9–21 Uhr) geöffnet sind, gelten für kleinere und spezialisierte Läden die alten „grie-chischen" Regeln: Mo., Mi. und Sa.

057at-mb

9–15 Uhr, Di., Do. und Fr. bis 19 Uhr, manchmal mit Mittagspause ca. 14–17 Uhr. **Kioske** haben durchgehend bis spätabends geöffnet, an Hauptplätzen sogar rund um die Uhr.

Für **Sehenswürdigkeiten und Museen** gilt als Richtwert, dass im Sommer größere Einrichtungen meist von 9 bis 20 Uhr geöffnet sind (Mo. gelegentlich nur nachmittags bzw. verkürzt), kleinere nur bis 14/15 Uhr. In der Nebensaison (meist Nov.–März) schließen die meisten Sights früher, z. B. um 15 oder max. 17 Uhr.

Achtung: Verlässliche Zeitangaben sind nicht möglich und oft ändern sich die Öffnungszeiten abhängig von **Personalsituation, Wetter** oder wegen **Streiks** kurzfristig.

Post

Postämter sind meist Mo.–Fr. 8–14/14.30 Uhr, an zentralen Plätzen auch abends geöffnet. **Briefkästen** sind gelb und tragen die Aufschrift „ΕΛΤΑ" bzw. „Post" und es wird nach Inlandspost *(esoterikí)* und Auslandspost *(exoterikí)* unterschieden.

Das **Porto** für Ansichtskarten und Briefe bis 20 g in alle europäischen Länder beläuft sich auf 0,70 €, die Zustellung dauert ca. 4–7 Tage.

✉ **189** [I7] **Hauptpost,** Pl. Syntágmatos/O. Mitropóleos

Sicherheit

Die Griechen sind für ihre Ehrlichkeit bekannt, wenngleich es überall schwarze Schafe gibt. Während die Obdachlosen auf den Straßen normalerweise keine Gefahr darstellen, ist **Taschendiebstahl** durch Banden vor allem im öffentlichen Nahverkehr

und in den Metro-Stationen derzeit verbreitet. In vollen Zügen und Bussen, vor den Ticketautomaten, auf den Rolltreppen oder im Gedrängel am Bahnsteig ist die Gefahr am größten, ebenso bei Veranstaltungen und generell in Menschenmengen. Also Vorsicht: keine lose baumelnden, leicht zu öffnenden Handtaschen oder Rucksäcke und keine Geldbeutel bzw. Handys in Gesäßtaschen herumtragen. Auch große Bargeldsummen oder kostbaren Schmuck lässt man besser zu Hause bzw. im Hotelsafe.

Sport und Erholung

Man fährt nicht nach Athen, um ins Fitnesscenter oder zum Surfen zu gehen, aber selbst dafür und sogar zum Skifahren (auf dem Parnassós) oder Golf (Glyfáda) gibt es Gelegenheit. Größere, bessere Hotels verfügen über Fitnesszentren und Pools. **Radfahren** im Zentrum ist eher etwas für Lebensmüde, da Fahrradwege weit-

---

EXTRATIPP

Mit der Tram zum Strand

Die Strände zwischen Néa Fáliro und Voúla – an Wochenenden und während der Ferienzeit stark von Athener Ausflüglern frequentiert – sind dank der Straßenbahn-Linie Nr. 5 nur gut 45 Minuten von der Innenstadt entfernt. Manche Strände kosten Eintritt, bieten dafür aber Snackbars, Umkleiden, Liegen und Sonnenschirme. Glyfáda gilt als „Seaside Resort", v. a. wegen der Jachthäfen, Strände, Strandbars und -klubs (oft „Sommerfilialen" der Athener Klubs). Nach Süden schließt sich Voúla Beach an, das v. a. von jüngerem Publikum frequentiert wird.

058at-mb

gehend unbekannt sind und die Fahrweise der Griechen gewöhnungsbe-
dürftig ist.

Die nächstgelegenen **Strände** befinden sich in Piräus **41** (zwischen
Zéa-Hafen und Mikrolímano) und entlang der sogenannten Apollon-Küs-
te **44** um die Vororte Paleó Fáliro, Álimos, Ellinikó, Glyfáda und Voúla.

Sprache

Obwohl in Athen i. A. gut **Englisch**
gesprochen wird – manchmal sogar **Deutsch** –, sollte man sich die
wichtigsten Vokabeln und Redewendungen auf Neugriechisch aneignen
(s. Sprachhilfe S. 133). Allein die Be-
mühung wird mit großer Freude und
Freundlichkeit belohnt.

Neugriechisch hat mit Altgrie-
chisch, abgesehen von Schrift und
Grundvokabular, nur wenig gemeinsam und ist, zugegebenermaßen,
schwierig. Beim Lernen der Grund-
begriffe ist es wichtig, auf die richtige
Betonung der Wörter zu achten.

Auffällig ist, dass es für die **Um-
schrift**, z. B. von Straßennamen, man-
gels verbindlicher Regeln vielerlei Varianten gibt: z. B. ist das griechische
Σύνταγμα umgeschrieben als Sýntagma, Síntagma, Síndagma, Sindágma-
tos auf Schildern oder Broschüren
zu finden oder Piräus als Peiraiás,
Pireéfs oder Pireós. Auch in diesem
Band war es nötig, sich für eine Variante zu entscheiden.

Stadttouren

Das Angebot an Führungen und
Stadtrundfahrten in Athen konzent-
riert sich vor allem auf **Hop-on-Hop-
off-Touren**. Die Tickets für diese Touren in Doppeldeckerbussen (oben offen) gelten für beliebige Fahrten an
einer bestimmten Zahl von Tagen
(meist 1–3) mit der Möglichkeit, an
designierten Stopps aus- und einzu-

⌂ *Begegnung verschiedener Welten,
hier am Strand von Piräus* **41**

steigen. Tickets gibt es auch an den klar markierten Haltestellen bzw. beim Busfahrer. Die beiden Hauptanbieter sind

> **Athens Open Tour,** Tel. 2108815207, www.athensopentour.com. Verschiedenen Linien, z. B. Stadtzentrum, Piräus, Küste, werden von gelben Bussen mit zahlreichen Haltepunkten bedient.
> **City Sightseeing,** +44 (0) 1789299123, https://city-sightseeing.com/de/43/athen. Rote Busse verkehren auf drei verschiedenen Touren mit 15 Stopps. Zwei Stadtrundgänge sind enthalten.
> **Athens Happy Train** (s. S. 116)

Walking Touren

Daneben werden Touren zu Fuß und mit thematischen Schwerpunkten offeriert, das Angebot ist allerdings (noch) etwas „flexibel" und richtet sich nach der Nachfrage. Manche Touren finden nicht regelmäßig statt und müssen angefragt werden, teils werden sie nur für Kleingruppen arrangiert.

> **Alternative Tours of Athens,** Tel. 2103226713. ATA bietet ungewöhnliche Touren an, z. B. zu Architektur, bestimmten Vierteln, Wandmalerei, Fotografie, Literatur, Politik oder auch mit dem Fahrrad. Das Programm ist auf www.atathens.org/schedule-en.html zu finden, eine vorherige Anmeldung ist nötig.
> **This is my Athens** (http://myathens. thisisathens.org/im-a-visitor) sind kostenlose individuelle Touren vom Tourismusamt der Stadt, ausgeführt von Einheimischen. Sie müssen vorher per Kontaktformular angefragt und abgesprochen werden.
> **Athens Free Walking Tour,** www. athensfreewalkingtour.com, 2–2,5-stündige historische Walkingtouren in kleinen Gruppen, geführt von Historikern oder

Archäologen. Anmeldung auf der Website, Bezahlung auf freiwilliger Basis.
> **Discover Greek Culture,** www. discovergreekculture.com, Familientouren, aber auch andere
> **Culinary Backstreets,** http:// culinarybackstreets.com/category/ cities-category/athens. 5,5-stündige „Athens Culinary Walks" durch bestimmte Viertel oder zu Themen wie „Culinary Secrets", Souvlaki oder Wein. Infos und Buchung auf der Website.

Telefonieren

Es gibt in Athen zwar noch **öffentliche Telefone** (mit Telefonkarten betrieben) an jeder Ecke, doch Telefonieren mit **Mobiltelefonen** bereitet kein Problem, zumal seit Juni 2017 die **Roaminggebühren** entfallen sind.

Bei sämtlichen Gesprächen, auch innerhalb der Stadt, muss die komplette **Vorwahl** – für den Großraum Athen ist dies die 210 – mitgewählt werden, gefolgt von der normalerweise siebenstelligen Rufnummer.

> Bei **Auslandsgesprächen** ist folgende Kombination zu wählen: Deutschland: 0049, Österreich: 0043, Schweiz: 0041 + Ortsvorwahl ohne Null + Rufnummer
> Für **Telefonate aus D, A und CH** gilt: Vorwahl Griechenland 0030 + Ortsvorwahl + Rufnummer

Uhrzeit

Es gilt die **OEZ (Osteuropäische Zeit),** die eine Stunde Vorsprung gegenüber der hiesigen MEZ bedeutet. Von Ende März bis Ende Oktober (rund vier Wochen länger als hierzulande) gilt auch hier die Sommerzeit. Neben den offiziellen Zeitangaben von 1 bis 24 benutzen die Griechen wie die Amerikaner bei Zeitangaben nur 1 bis 12, d. h., es wird für den Vormittag ein „π. μ." für „πρό μεσημβρίας" (= vormittags) nachgestellt, für nachmittags hingegen ein „μ.μ." (μετά μεσημβρίας = nachmittags).

Umgangsformen und Verhaltenstipps

In den Augen der anderen Griechen gelten die Athener wegen ihres weltstädtischen Auftretens oft als arrogant und überheblich. Ein bisschen gleicht die griechische Hauptstadt New York – beide passen nicht so recht ins vorgefasste Klischeebild vom jeweiligen Land. Athen ist hektisch, umtriebig, rücksichtslos, laut. In Stoßzeiten droht man überrannt (oder überfahren) zu werden und dennoch sind die Leute im Allgemeinen gegenüber Touristen freundlich und korrekt.

☐ *Die Griechen sind bekannt für ihr eigenes Zeitempfinden und ihre Körpersprache*

Dos and Don'ts – griechische Besonderheiten

> **Griechisches Essen:** Die Gerichte, Vorspeisen und Hauptgerichte, kommen meist alle zusammen oder auch in beliebiger Reihenfolge auf den Tisch. Üblich ist es in geselliger Runde, dass sich jeder von den Tellern in der Mitte bedient. Dabei ist das Essen meist **nur warm**, nicht heiß, da viele Aufläufe und Beilagen – mit Ausnahme von Gegrilltem – im Allgemeinen morgens gekocht werden. Angesichts der Hitze schmeckt es so oft besser.

> Griechen haben ein anderes **Zeitgefühl** und das Sprichwort „Die Europäer haben die Uhr, wir die Zeit" scheint selbst im hektischen Athen zu gelten. Man nimmt es mit Terminen weniger genau und der Nachmittag kann bis 18 Uhr dauern. Man isst kaum vor 14 und abends nie vor 21 Uhr, eher später. Die Mittagspause ist heilig und sollte auch nicht gestört werden.

> Es ist verpönt, **„auf deutsche Art zu bezahlen"** („à la germanikos"), d. h. jeder für sich. Stattdessen sollte man besser die Summe zusammenlegen, die Preisunterschiede zwischen den einzelnen Gerichten sind meist nur gering.

> Es wird Wert auf **ordentliche Kleidung** gelegt, v. a. in Kirchen, aber auch in Bars und Klubs. Auffällige Shirts und Hüte, Shorts und Socken zu Sandalen sind Griechen ein Gräuel.

> Da es an jeder Ecke Kioske mit kalten Getränken gibt, versteht kein Athener, warum Touristen ständig **Wasserflaschen** mit sich herumschleppen.

> **Schlangestehen** kennen Athener nicht! Es gilt das Recht des Stärkeren oder Schnelleren.

> Die Griechen haben eine eigene **Körpersprache**. Statt z. B. verneinend den Kopf zu schütteln, wird er vielfach nur leicht nach hinten geneigt, bei hoch gezogenen Augenbrauen. „Ja" kann eine leichte Kopfneigung zur Seite sein und „pass auf" die Berührung der Unterlippe mit einem Finger. Eine erhobene geöffnete Handfläche wird als Beleidigung verstanden, wohingegen die ausgestreckte Innenhandfläche *(moúntza)* als allgemeinste Form des Meinungsaustausches gilt und beliebig interpretiert werden kann.

Unterkunft

In Athen stehen über **400 Hotels mit über 30.000 Zimmern** zur Verfügung. Nach der Krise in den vergangenen Jahren und dem Niedergang vieler kleiner Familienhotels haben zuletzt mehrere schicke und zum Teil dennoch erschwingliche Boutiquehotels im Zentrum eröffnet. Kleinere Hotels finden sich überwiegend in der Pláka, in Monastiráki, Makrigiánni und Thissío –neben Sýntagma und Koukáki die für Besucher geeignetsten Lokalitäten. Die großen, vorwiegend von Geschäftsleuten frequentierten (Ketten-)Hotels sind um die Pl. Syntágmatos und im Bereich der Vasilíssis Sofías und Leof. Vasilíssis Amalías zu finden.

Preiskategorien

Hotels werden von der Tourismusbehörde nach den üblichen Kategorien gewertet (1–5 Sterne), wobei die Einstufungen nicht immer klar nachvollziehbar sind und nicht unbedingt etwas über den Standard aussagen. Der offizielle Durchschnittspreis für ein DZ mit Dusche/WC liegt derzeit bei rund 120 € inkl. einfachem Frühstück, variiert aber saisonal stark. Oft beträgt der Unterschied zwischen NS (Nov.-März) und HS über 50 €! Seit 2018 fällt eine kategorieabhängige Übernachtungssteuer zwischen 0,50 und 4 € pro Nacht und Zimmer an. Genaue Preisangaben sind nicht möglich und die nachfolgend verwendeten Kategorien können lediglich als Anhaltspunkte dienen (Preis DZ/Nacht):

€	70–100 €
€€	100–160 €
€€€	über 160 €

Es gibt vielfach noch **Raucherzimmer** (vorher nachfragen). Häufig im Übernachtungspreis inbegriffen sind **WLAN** und ein **Frühstück**, das in einfacheren Hotels eher eintönig ausfällt, in besseren Herbergen hingegen aus vielseitig sortierten Büfetts bestehen kann. Ab der mittleren Kategorie gehören eine **Klimaanlage**, ein kleiner **Kühlschrank** und ein **Safe** im Zimmer dazu und gibt es zumindest eine „Snackbar" im Haus und – vermehrt in letzter Zeit – **Dachterrassen** für die Gäste, oft mit Bars oder sogar mit Restaurants.

Es kann vorkommen, dass es in den einfacheren Hotels **Probleme** mit Warmwasser, WC-Spülung, Wasserabfluss oder Strom, Klimaanlage oder Schallschutz gibt. Auch handelt es sich bei den Doppelbet-

ten oft um zwei zusammengescho-
bene Einzelbetten (mit Ritze) und es
gibt fast überall nur Duschen, keine
Badewannen.

Generell sind die Zimmer selbst
in der gehobeneren Kategorie relativ **klein und eng.** Ausblick ist nicht
immer gewährleistet, manchmal gibt
es Balkone, die allerdings auch nicht
unbedingt zum Sitzen einladen. Das
größte Ärgernis ist oft der **Lärmpegel.** Motorradrallyes bei Nacht, TV-
Geräte, Bau- und Verkehrslärm,
nächtliche Müllabfuhr sowie Musik
aus Bars und Klubs gehören zum
griechischen Alltag. Es kann sinnvoll
sein, nach ruhigeren Zimmern im OG
bzw. nach hinten, der Straße abge-
wandt, zu fragen.

Es ist empfehlenswert, bei einem
Kurztrip ein **Zimmer im Voraus** zu bu-
chen, sei es über deutsche Reiseve-
ranstalter oder im Internet über die
bekannten Buchungsportale bzw. bei
den Hotels direkt. Vor allem in den
Sommermonaten (Juni–Sept.) kann
es in den kleineren günstigen Hotels
zu Engpässen kommen.

❯ www.grhotels.gr – Hellenic Cham-
ber of Hotels, Hotels griechenland-
weit, mit Suchmaske, aber ohne
Direktbuchungsmöglichkeit.

❯ www.gtp.gr – Wenn man unter „Hotels"
Athen eingibt, erhält man eine relativ
lange Liste von Hotels aller Kategorien,
großteils mit Links.

Hotelempfehlungen

Gut und günstig

🏨**190** [H6] **Arion Hotel** €–€€, O. Ag. Dimitríou 18, Tel. 2103240415, www.
arionhotel.gr. **Mitten im lokalen Geschehen:** 51 modern ausgestattete Zimmer
auf sieben Etagen in Psirrí (Platía Iróon).
Luftiger Aufenthaltsbereich, Frühstücks-
raum und Dachterrasse. Die Zimmer sind

gut ausgestattet, die oberen und jene
nach hinten sind ruhiger.

🏨**191** [H5] **Athinas Street Inn** €, O.
Athinás 60, Tel. 2111821678, www.
athinasstreetinn.gr. **Günstig zum Einkaufen:** nahe dem Hauptmarkt gelegenes
Hotel in schönem historischen Gebäude.
Zimmer (auch Familienzimmer), klein
und einfach mit sauberer, schlicht-
moderner Ausstattung.

🏨**192** [I7] **Hotel Adonis** €, O. Kódrou 3/O.
Voulís, Tel. 2103249737, www.hotel-
adonis.gr. **Neu renoviert und modern in
der Pláka:** leider schnell ausgebuchtes
Hotel mit Dachterrasse und kleiner Bar,
wo auch das Frühstück eingenommen
werden kann. Zimmer teils mit Balkon.

🏨**193** [I7] **Hotel Athos** €–€€, O. Patróou 3,
Tel. 21032219779. **Kleines, charman-
tes Hotel in der Pláka:** kürzlich renovierte
18 Zimmer mit Dachterrasse im 6. Stock
(Akropolis-Blick!), solide und modern
möbliert, teils mit Balkon. Gute Infrastruktur ringsum.

🏨**194** [G6] **Hotel Evripides** €, O. Efripí-
dou 79, Tel. 2103212301, www.
evripideshotel.gr. **Guter Deal für's Geld:**
62 Zimmer auf sieben Stockwerken in
einem renovierten Gebäude im umtrie-
bigen Psirrí, sauber und einfach ausgestattet, teils mit Akropolis-Blick. Dachterrasse, auf der das inkludierte Frühstück
serviert wird, mit Ausblick.

🏨**195** [I7] **Hotel Metropolis** €, O. Mitropóleos 46, Tel. 4103217871, www.
hotelmetropolis.gr. **Am Rand der
Pláka mit Kirchenblick:** zweckmäßige,
schlichte Zimmer, teils sehr klein und
ohne größeren Luxus, aber sauber und in
zentraler Lage.

🏨**196** [F6] **Jason Inn** €, O. Asomáton 12,
Tel. 2103251106, www.douros-hotels.
com. **Gay-friendly und preiswert:** ordent-
liches, schlichtes Hotel in Thissío, nahe
Kerameikós und dem Nightlife-Viertel
Gázi, mit Dachterrasse und Frühstücksbüfett inbegriffen.

Nicht nur für Museumsbesucher

Das **Hotel Museum** befindet sich direkt hinter dem Archäologischen Nationalmuseum **30**. Doch es ist nicht nur ein Tipp für Museumsgänger, das Hotel der Best-Western-Kette liegt in einer für Athener Verhältnisse ruhigen Straße am Rand des Studentenviertels Exárchia. Das Haus verfügt über unterschiedlich große Zimmer zur Straße und nach hinten, großteils mit Balkonen. Im günstigen Preis inbegriffen ist ein Frühstücksbüfett. Es gibt eine Library Bar/Café im Haus und eine schöne Rooftop-Bar mit tollem Ausblick. Zu den nächsten Metro-Stationen (Linie 2 und 3 „Omónia" oder Linie 3 „Victória") sind es gut zehn Minuten Fußweg.

🏨**197** [I4] **Hotel Museum** €, O. Bouboulínas 16, Tel. 2103805611, www.museum-hotel.gr

060at-mb

Erschwingliche Mittelklasse

🏨**198** [I7] **Athens Cypria Hotel** €€, O. Diomías 5/Pl. Syntágmatos, Tel. 21032380348, http://athenscypria. com. **Modern wohnen in der Neustadt:** nahe Sýntagma-Platz und Shoppingmeile Ermoú stehen 115 Zimmer in verschiedenen Kategorien/Größen zur Verfügung, modern und neu renoviert, viele mit Balkon. Mit Annabel Cafe Bar.

🏨**199** [I8] **Athens Gate Hotel** €€-€€€, Leof. Syngroú 10, Tel. 21092383023, www. athensgate.gr. **Athener Hotelklassiker am Sýntagma:** saubere, moderne Zimmer ab 125 € (Budgetroom) in der NS. Vom OG Blick auf Akropolis, nach vorn zum Olympieion. Schöne Dachterrasse für Gäste.

🏨**200** [F7] **Hotel Thissío** €€, O. Ag. Marínis 2/O. Apostólou Pávlou 25, http://hotel-thissio.hotelsathens.org/de. **Superlage mit Ausblick und Lokal:** an der Akropolispromenade, nahe der Agorá gelegenes Hotel mit modernen Zimmern, die größer als der Durchschnitt sind. Mit Klimaanlage und Ausblick auf die Stadt, jene mit Balkonen nach vorn sind etwas lauter. Zugehörige Dachterrasse mit Restaurant/Bar „Thissío View"

Individuelle Apartments

🏨**201** [G6] **Apartmenthotel Kerameion** €€€, O. Agíon Anargýron 7, Tel. 2103315347, www.kerameion.gr. **Geschmackvoll wohnen in Psirrí:** Studios und Apartments, luxuriös ausgestattet, mit Innenhof/Garten, auch Apartments für bis zu sechs Personen.

🏨**202** [G6] **Live in Athens** €-€€, O. Agíon Anargýron 5, http://liveinathens.net. **Mit Wohlfühlgarantie:** elf Wohneinheiten, Studios (ab 60 €), Apartments und sogar ein Penthouse mit Akropolisblick, modern, gut ausgestattet und geräumig mit Küche(necke), Mindestaufenthalt zwei Nächte. Mitten im Geschehen, in Psirrí. Von vier jungen Griechen betrieben, die überaus ortskundig sind.

Boutiquehotels

🏨**203** [H7] **A for Athens** €€, O. Miaoúli 2–4, Tel. 2103244244, http://aforathens. com. **Minimalistischer Schick:** 35 moderne Zimmer unterschiedlicher Größe, teils mit Balkon und Akropolis-Blick, auch Familienzimmer und Suiten. Zentral nahe Monastiráki gelegen. Im OG Dachterrasse und Ausblick, hier gibt es Frühstück und Cocktails. Schon ab ca. 110 €!

🏨**204** [H5] **Fresh Hotel** €€, O. Sofokléous 26, Tel. 2105248511, http://freshhotel.gr. **Cooles „Urban Resort" mit Wellnessfaktor:** topmoderner Bau im Marktareal, mitten im Geschehen. Entspannte Atmosphäre und persönlicher Service. 133 Zimmer und Suiten, stylish eingerichtet in klaren Formen und mit kräftigen Farben, teils mit Balkon. Kleiner Pool auf der Dachterrasse, ideal zum „Abhängen". Sauna und Fitnessraum, Air Lounge Rooftop-Bar und Magenta Restaurant.

🏨**205** [H5] **Hotel Athens Tiare** €€, O. Pireós 2, Tel. 2105200300, www. athenstiarehotel.com. **Topmodern und groß am Omónia-Platz:** neues Hotel mitten im Geschehen nahe der Metrostation. Verschiedene Zimmertypen und Suiten, alle schick gestaltet und modern, teils mit Ausblick. Mit renommiertem Restaurant, Bar, Bibliothek und Fitnessraum, auch Specials, mit oder ohne Frühstück buchbar.

🏨**206** [I8] **Hotel Athens WAS** €€€, O. Dionysíou Areopagítou 5, www.athenswas. gr/en. **Hippes Boutiquehotel mit Gourmetrestaurant:** an der Akropolispromenade, nähe Olympieion gelegenes, angesagtes, aber eher teures Hotel mit edler Ausstattung und schickem Design, luxuriöse Details, viele Suiten. Das Restaurant „Sense" auf dem Dach ist sehr empfehlenswert!

🏨**207** [I7] **New Hotel** €€–€€€, O. Fillelínon 16, Tel. 2103273000, www.yeshotels.

EXTRATIPP

„Kunsthotel" neben dem Rathaus

Direkt neben dem Athener Rathaus steht an der geschäftigen Odós Athinás, nahe der Pl. Omónias (Metro-Linien 2 und 3) das hippe **Grecotel Pallas Athene**. Nicht nur die Lobby fällt mit Kunstausstellungen und poppiger Aufmachung auf, auch die Zimmer sind individuell künstlerisch als „Graffiti Guestrooms" gestaltet. Die Familienzimmer sind mit originellen Wandmalereien ausgestattet, einzigartig sind die Loft Suites. Im Haus gibt es ein Restaurant (günstiges Mittagessen!) und ein exzellentes griechisches Frühstücksbüfett ist im Preis enthalten.

🏨**209** [H5] **Grecotel Pallas Athene** €€–€€€, O. Athinás 65/O. Lykoúrgou, Tel. 2103250900, www.grecotelpallasathena.com.

061at-mb

gr/el/hotel/new-hotel. **Wellness-Designerhotel:** neues, schickes Hotel am Pláka-Rand mit „New Art Lounge" (Rooftop-Lounge mit Ausblick und Bar) und 79 Zimmern, die in jeder Hinsicht ungewöhnlich sind. Zugehöriges Spa, Fitnesscenter und Hamam. Ohne Frühstück ab ca. 150 € in der HS.

🏠 **208** [H7] **Zillers Boutique Hotel** €€–€€€, O. Mitropóleos 54, Tel. 2103222277, www.thezillersathenshotel.com. **Von einem deutschen Architekten erbaut:** kleineres Hotel mit Rooftop-Restaurant und -Bar. Zimmer in edler, hochwertiger Ausstattung in historischem Gebäude des deutschen Architekten Ernst Ziller am Rand der Pláka, nahe Einkaufsmeile Ermoú. Teils mit Akropolis-Blick.

Luxusherberge

🏠 **210** [J7] **Grand Bretagne** €€€, O. Vasiléos Georgíou A1/Pl. Syntágmatos, Tel. 2103330000, www.grandebretagne.gr. **5-Sterne-Tophotel mit Geschichte:** sehr teuer, sehr edel und mit allem Luxus in altehrwürdigem, geschichtsträchtigem Bau (s. S. 51) von 1842 am Sýntagma-Platz. Mehrere Restaurants, Shops, Pools etc.

Ideal für Familien

🏠 **211** [G7] **360° Hotel** €€, Pl. Monastirákiou, Tel. 2103240034, www. 360hotelathens.com. **Zentral gelegen und mit toller Dachterrasse:** 20 Zimmer, teils mit drei oder vier Betten für Familien, zwar relativ klein, aber mitten im Geschehen: am Monastiráki-Platz. Mit Dachterrassenrestaurant und Cocktail- sowie Minibar mit kostenlosen nicht-alkoholischen Getränken im Zimmer. Zum Innenhof hin ruhiger. Achtung: schnell ausgebucht!

🏠 **212** [I8] **Byron Hotel** €, O. Výronos 19, Tel. 2103253554, www.hotel-byron. gr/de. **Pláka-Hotel mit verschiedenen Zimmertypen:** Apartments für Fami-

lien und preiswerte Zimmer, klein und schlicht möbliert, aber in guter Lage beim Lysikrates-Monument ㉔, mit Snackbar im Haus.

🏠 **213** [I7] **Hotel Hermes** €–€€, O. Apóllonos 19, Tel. 2103222706, www. hermeshotel.gr. **Mit Spielzimmer und Babysitterservice:** 45 Zimmer, neu renoviert und modern, einige mit Balkon. Inklusive Frühstücksbüfett, Kühlschrank im Zimmer und kleinem Spielzimmer für Kinder.

Schlicht und preiswert

🏠 **214** [G4] **Athens International Hostel** €, O. Víctoros Ugó 16, Tel. 2105232540, www.athens-international.com. **Jugendherberge in Metaxurgío:** schlichte Zwei- bis Sechsbettzimmer sowie eine Suite, mit Bädern und Gästeküche, nahe Omónia. Ab 12 €/Bett.

🏠 **215** [G6] **Athen Style Hostel** €, O. Agías Théklas 10, Tel. 2103225010, www. athenstyle.gr. **Preiswert nahe Monastiráki:** schlicht übernachten ab 60 € in Zimmern und Studios oder Vierbettschlafsälen mit kleiner Lounge-Bar und Dachterrasse.

Weitere **günstige Herbergen** mit Sofortbuchungsmöglichkeit finden sich unter:

❯ www.hostelworld.com („Athens" in die Suchmaske eingeben)
❯ www.hostels.com/athens/greece

Für Inseltrips, in Piräus

🏠 **216** **Hotel Phidias Piraeus** €–€€, O. Kountouriótou 189, Tel. 2104296480, www. hotelphidias.gr. **Übernachtung vor der Fahrt:** Am Hafen Pasalimáni, ruhig in einer Nebenstraße gelegenes kleines Hotel mit modernen, sauberen und zweckmäßig ausgestatteten großen Räumen in verschiedenen Kategorien, teils mit Balkon. Shuttleservice zum Fährhafen. Mit Café/Bar.

Verkehrsmittel

Athen verfügt über ein **dichtes, preiswertes Nahverkehrsnetz,** betrieben von mehreren Unternehmen, jedoch mit einheitlichem Tarifsystem. Zum Organismós Astikón Synkoinonión Athinón (O.A.S.A., www.oasa.gr) gehören die **Busse** – elektrische Trolley-Busse (O-Busse) und normale Busse –, **Metro** und **Tram** unterstehen STASY (www.stasy.gr).

Im Herbst 2017 wurde das Ticketsystem umgestellt. Neben den umweltfreundlicheren Papiertickets – **Ath.ena Ticket** – gibt es elektronische Plastikkarten – **Ath.ena Card** (nur interessant bei mehreren Reisen nach Athen, da zudem Mindestaufladesumme). Beide Varianten gibt es als Einzelticket (1, 2, 5 oder 11 Fahrten sowie Flughafen, auch für 2 oder 3 Pers.) oder als Mehrtagesticket (1/5 Tage sowie 3-Tages-Touristenticket). Alle gelten einheitlich für alle genannten öffentlichen Verkehrsmittel und müssen vor Fahrtantritt an Kiosken oder an den Stationen an Automaten bzw. an Schaltern (in großen Metro-Stationen) gekauft bzw. später dort wieder aufgeladen werden. Die Entwertung erfolgt an Automaten in den Bussen bzw. an den Metrozugängen. Innerhalb von 90 Min. ab Entwertung ist ein Umsteigen in eine andere Linie bzw. ein anderes Verkehrsmittel erlaubt.

❯ **Preise:** Einzelticket 1,40 € (reduziert 0,60 €, Kinder bis 6 J. frei) – Stand: Jan. 2018
❯ **Infos:** www.athenacard.gr (nur griechisch) bzw. www.athenstransport.com/english/tickets

◹ *Busfahren in Athen ist nicht immer ganz einfach, aber das Netz ist dicht*

Busse

Stadtbusse

Busse verkehren im Allgemeinen von 5 bis 24 Uhr, einige (u. a. zum/vom Flughafen) rund um die Uhr und einige als „Express". Selbst auf der Website von OASA gibt es leider keinen Streckenplan und es ist nicht immer einfach, den richtigen Bus zu finden. Sie fahren verkehrsbedingt wenig zuverlässig, etwa alle 10–30 Min., sind oft überfüllt und müssen manchmal per Handzeichen gestoppt werden.
❯ **Infos:** www.oasa.gr

Überlandbusse

K.T.E.L. betreibt Busse ins Umland (Attika), auf die Peloponnes und nach Zentral- und Nordgriechenland.
❯ **Abfahrten** der Überlandbusse: 1. O. Mavromatéon/Pl. Aigýptou, nahe Pedíon-Áreos-Park [I/J3] (Metro: „Viktória"), von hier z. B. nach Kap Sounion **45**, etwa stündlich ab 7 Uhr; 2. Pl. Thissíou, neben der Metro-Station, Busse u. a. nach Mégara oder Elefsína (Eleusis).

064at-mb

EXTRATIPP

Tagestickets

Wer die Füße schonen möchte, sollte sich ein Tagesticket zu derzeit 4,50 € oder ein 5-Tages-Ticket für 9 € anschaffen. Beide schließen jedoch die Fahrt vom/zum Flughafen (6 € pro Strecke per Expressbus, 10 € mit Metro) nicht ein. Anders das 3-Tages-Touristenticket zu 22 €.

› **Infos:** Tel. 14505, http://ktelattikis.gr bzw. www.ktelbus.com (Busse außerhalb Attikas).

Metro

Die Athener Metro verkehrt derzeit auf **drei Linien,** wobei die Nr. 1, die sog. Ilektrikós, schon seit 1869 in Betrieb ist. Zwei weitere Linien kamen 2000 dazu, die Züge sind großteils klimatisiert. Die Metrostationen wurden unterschiedlich mit Ausgrabungs- und Ausstellungsstücken sowie Kunst attraktiv gestaltet (s. S. 9). Besonders sehenswert sind die Bahn-höfe „Akrópoli", „Sýntagma", „Panepistimíou" oder „Evangelismós".

Die Züge der Linien 2 und 3 verkehren von 5.30 bis 0.30 Uhr (Fr./Sa. bis 2.30 Uhr), je nach Tageszeit alle 10–15 Min. Lediglich die Züge auf der Linie 3 zum Flughafen fahren nur im 30 Min.-Takt. Eine neue Linie 4 sowie Verlängerungen der anderen Linien sind in Planung.

› **Linie 1 (grün):** Kifisiá – Piräus. Die älteste und längste Linie, genannt „Ilektrikós". Die „Elektrische" fährt seit 1869 und wurde 1904 elektifiziert. Sie führt von Piräus vorbei an Thissío/Agorá, Pl. Monastirakíou und Omónia nordwärts nach Kifissiá.

› **Linie 2 (rot):** Anthoúpoli – Ellinikó, quert die Stadt in Nord-Süd-Richtung, vorbei an Omónia und Sýntagma sowie über „Akrópoli" nach Süden bis Ellínko (Helleniko).

› **Linie 3 (blau):** Airport – Doukíssis Plakentías – Agía Marína. Vom Flughafen im Südosten über Doukíssis Plakentías in die Stadt (Omónia, Monastiráki, Thissío, Kerameikós), dann westwärts nach Agía Marína.

063at-mb

Straßenbahn

Die Tram eröffnete kurz vor den Olympischen Spielen 2004 und ist für Besucher **das schönste Verkehrsmittel.** Modern, klimatisiert und oberirdisch verkehrend, erlaubt sie eine Art Stadtrundfahrt zum günstigen Preis. Sie verbindet die 26 km von der Pl. Syntágmatos durch Néa Smýrni und andere wenig bekannte Viertel zum Meer. Die Linie gabelt sich im Vorort Kallithéa: Südwärts geht es die Apollon-Küste – die „Athener Riviera"  – über Glyfáda nach Voúla (Kolimvitírio), westwärts in Richtung Piräus.

Es gibt drei Linien, die von ca. 5.30 bis 1 bzw. Fr./Sa. bis 2.30 Uhr verkehren:
> **Linie 4** „Sýntagma – SEF", von Sýntagma südwestlich zum Peace & Friendship Stadion bei Piräus. Von der Endhaltestelle sind das Zentrum von Piräus und die Häfen einfach zu Fuß erreichbar. Umsteigen in die Metro-Linie 1 ist ebenfalls möglich. Eine Fortsetzung der Tram ins Zentrum von Piräus ist geplant.
> **Linie 5** „Sýntagma – Voúla", von Sýntagma nach SW, dann entlang der Küste nach Süden über Glyfáda bis Voúla.
> **Linie 3** „Voúla – SEF" verbindet die beiden obigen Endhaltestellen an der Küste miteinander.
> **Infos:** www.ametro.gr und www.stasy.gr (U-Bahn, Tram und S-Bahn)

S-Bahn

Die **Athens Suburban Rail** (Train O.S.E.) – eine Art S-Bahn – bietet sich als Alternative zu Flughafenfahrten an. Sie beschreibt vom innenstadtnahen Bahnhof, der Station Larísis (mit Anschluss nach Piräus sowie Metro-Linie 2), einen weiten Bogen um die Stadt und führt ostwärts zum Flughafen. Daneben gibt es weitere Linien Richtung Pátras und Chalkída (Euböa).
> **Infos:** www.trainose.gr/en/passenger-activity/suburban-railway/athens-suburban-railway

Taxi

Hellgelbe Taxis gibt es in Athen massenhaft, das Hauptproblem ist eher das Heranwinken, d. h. für eine bestimmte Route ein Fahrzeug zu finden. Nicht jeder Wagen fährt jede Strecke bzw. in jedes Viertel. Das Zusteigen in ein bereits besetztes Taxi ist üblich, sofern die gleiche Richtung gewünscht wird (durch Zuruf) – der Preis ist derselbe wie für eine Fahrt allein. Darauf achten, dass das Taxameter angeschaltet ist!
> **Taxigebühren:** Grundgebühr 1,29 €, pro km 0,74 € bzw. 1,29 € (24–5 Uhr), Minimalgebühr 3,40 €, weitere Zuschläge für Gepäck oder für Fahrten ab Bahnhöfen oder Flughäfen; Festpreis Flughafen derzeit 38 € (nachts: 54 €).

◁ *Die „Attikó Metró" zählt zu den fortschrittlichsten U-Bahn-Systemen der Welt*

△ *Eine topmoderne Straßenbahn verbindet Athen mit den Stränden und mit Piräus*

065at-mb

Wetter und Reisezeit

Athen zeichnet sich durch **milde Winter und heiße, trockene Sommer** aus. Selbst im Winter werden noch durchschnittlich 12 °C gemessen, Frost und Schnee sind selten. Juli und August sind die heißesten Monate und ab Anfang August (Beginn der griechischen Ferien) leert sich die Stadt, denn dann kann das Thermometer auf 40 °C und mehr steigen. Eine verlängerte Mittagspause ist jetzt ebenso empfehlenswert wie ein Hotel mit funktionierender Klimaanlage.

Klimatisch angenehmer sind die **Frühjahrs- und Herbstmonate**, allerdings herrscht dann **Hochsaison** (v. a. Anfang April–Ende Juni und Sept./Okt.). Im Frühjahr sind es durchschnittlich 20 °C, im Herbst beachtliche 23 °C, wobei Wetterumschwünge im frühen Frühjahr nicht selten sind. **Ideale Reisemonate** sind **Mai und Oktober,** wobei es im Frühling abends länger hell bleibt. Das schöne Wetter hält meist bis Dezember an und erst ab Januar steigt die Regenhäufigkeit.

Fähren

Piräus ❹❶ ist der Hauptfährhafen; kleinere und weniger frequentierte Häfen sind **Paleó Fáliro** (Ausflugsschiffe zu Inseln im Saronischen Golf) und **Rafína**. Von Piräus verkehren Fähren zu beinahe allen griechischen Inseln, je nach Jahreszeit in unterschiedlicher Frequenz.

❯ Infos: www.ferries.gr (Fährverbindungen ab Piräus), www.olp.gr (Abfahrten und Ankünfte, Tel. 14541 (0,92 bzw. mobil 1,55 € pro Anruf).

◁ *„Ein Schiff wird kommen“ - in Piräus* ❹❶ *auf alle Fälle!*

Durch-schnitt	Wetter in Athen											
Maximale Temperatur	14°	14°	17°	21°	27°	32°	35°	34°	30°	24°	19°	14°
Minimale Temperatur	7°	7°	9°	12°	17°	21°	24°	24°	20°	16°	12°	9°
Regentage	13	11	10	8	6	4	2	2	3	7	10	12
Wasser-temperatur	14°	14°	14°	15°	18°	22°	24°	24°	23°	21°	19°	16°
	Jan	Febr	März	Apr	Mai	Juni	Juli	Aug	Sept	Okt	Nov	Dez

ANHANG

067at-mb

Glossar

> **Agorá:** zentraler Platz einer antiken Stadt, Mittelpunkt öffentlichen Lebens und meist Marktplatz, Gerichtsort, Treffpunkt in einem

> **Akroter:** Bekrönung von First und Giebelecken, figürlich oder ornamental

> **Amphiprostylos:** Tempel mit beidseitig vor die Front gestellten Säulen, vgl. Prostylos

> **Architrav:** (Epistyl) Teil des Gebälks, horizontales Konstruktionselement über Säulenstellungen, Fenster- und Türöffnungen

> **Basilika:** ursprünglich griechische Bauform der „Königshalle" (hellenistischer Repräsentationsbau), bei den Römern Markt-, Bank- und Gerichtsbasilika und in frühchristlicher Zeit mehrschiffiger Kirchenbau

> **Bouleuterion:** Rathaus bzw. Sitz der Ratsversammlung (Boulé) in antiken griechischen Städten

> **Cella:** Hauptraum des griechischen Tempels – „Allerheiligstes" – Aufstellungsort des Kultbildes

> **Chiton:** gegürtetes, kurzes Männergewand, das auf einer oder beiden Schultern verknüpft wurde; darüber trug man einen Himation (langen Mantel); bei Frauen langes, gegürtetes Gewand, dünn und feingefältelt, darüber einen Himation oder ein schräges Mäntelchen

> **Dipteros:** Tempel mit doppelter Säulenstellung ringsum, mindestens acht Frontsäulen; vgl. **Pseudodipteros**, wo ein verbreitertes Joch eine zweite Säulenstellung vortäuscht

> **Entasis:** Schwellung einer Säule im unteren Teil zum Vermeiden von Starrheit; vgl. Kurvatur

◁ *Vorseite: Manchmal etwas altmodisch, manchmal chaotisch und immer spannend: Athen*

> **Fries:** Reliefband am Gebälk eines Tempels

> **Kannelur:** senkrechte konkave Furchen am Säulenschaft, unterschiedliche Zahl je nach Ordnung

> **Kapitell:** oberer Säulenabschluss, der den Architrav trägt; dorisches Kapitell mit Echinus und Abakus, ionisches mit Voluten, korinthisches mit Akanthusblättern

> **Kore:** weibliche bekleidete Figur, in der Archaik verbreiteter Typus neben dem *koúros,* charakteristisches „archaisches Lächeln" und häufig Halten einer Frucht, eines Vogels oder eines Kultgegenstandes

> **Koúros:** in der Archaik verbreiteter Typ des nackten Jünglings, Pendant zur *kore,* Körpergestaltung mit schematischen Inskriptionen; Unterscheidung von Landschaftsstilen möglich

> **Kurvatur:** waagrechte Schwingung eines Tempelunterbaus, konvexe Wölbung des Tempelunterbaus zur Mitte hin

> **Metope:** rechteckige Platte mit Reliefschmuck am Gebälk eines Tempels, das zusammen mit den Triglyphen beim dorischen Gebälk den Fries bildet

> **Ophistodom:** Rückraum eines Tempels (im Westen), häufig Ort, an dem kultische Gerätschaften, manchmal auch der Staatsschatz aufbewahrt wurde

> **Orchestra:** ursprünglich kreisrunder Tanzplatz des Chores, später im Theater Halbrund zwischen Zuschauerraum und Bühnengebäude, auf dem Schauspieler auftraten

> **Panathenäen:** 566 zu Ehren der Stadtgöttin Athena eingeführtes, viertägiges Fest im Monat Hekatombion (Juli/August) mit großem Festumzug und verschiedenen Wettkämpfen, Opfern, Tanz und Musik

> **Peripteros:** Tempel mit einer ringsumlaufenden Säulenhalle (Peristasis)

> **Peplos:** dickes Frauengewand aus Leinen oder Wolle, durch Fibeln gehaltene Tuchbahn ohne Naht und Ärmel mit

Überschlag *(apóptygma)* und gelegentlich Gürtung

> **Peristyl:** Säulenhalle, die einen Hof umschließt

> **Portikus:** römischer Name für die Säulenhalle *(stoá)*

> **Pronaos:** Vorhalle eines griechischen Tempels (meist im Osten)

> **Prostylos:** Antentempel mit vorgestellter Säulenhalle an der Eingangsfront, *Amphipróstylos* mit einer solchen an beiden Fronten

> **Säulenordnung:** festgelegte Kombination von Säule und Gebälk – drei Hauptordnungen: **dorisch, ionisch, korinthisch**

> **Spolien:** wiederverwendete Fragmente/ Bauteile älterer Bauten

> **Stele:** freistehender Pfeiler oder hochrechteckige Platte, meist als Grabrelief (mit Reliefschmuck) verwendet

> **Stoá:** griechischer Name für Säulenhalle, gleichzeitig hellenistische Philosophenschule, gegründet von Zenon von Kition (ca. 334–263 v. Chr.)

> **Triglyphe:** Steinplatte zwischen den Metopen, „Dreizahn" aufgrund der drei Kerben

> **Tympanon:** Giebelfeld eines Tempels mit Bildschmuck

Kleine Sprachhilfe

Die folgenden Hilfslisten, Wörter und Redewendungen wurden dem Reisesprachführer „Griechisch – Wort für Wort" aus dem Reise Know-How Verlag entnommen.

Alphabet

Um griechisch geschriebene Wörter buchstabieren und lesen zu können, sind in der folgenden Tabelle die griechischen Buchstaben (jeweils Groß- und Kleinbuchstabe) den entsprechenden Namen sowie den deutschen Buchstaben gegenübergestellt.

Α α	alpha	a
Β β	wita	v
Γ γ	gamma	g
	vor i und e:	j
Δ δ	delta	d
Ε ε	epsilon	e
Ζ ζ	zita	s
Η η	ita	i
Θ θ	thita	th
Ι ι	jota	i
Κ κ	kapa	k
Λ λ	lambda	l
Μ μ	mi	m
Ν ν	ni	n
Ξ ξ	xi	x
Ο ο	omikron	o
Π π	pi	p
Ρ ρ	ro	r
Σ σ, ς	sigma	ss
Τ τ	taf	t
Υ υ	ipsilon	i
Φ φ	fi	f
Χ χ	chi	ch
Ψ ψ	psi	ps
Ω ω	oméga	o

Buchstabenverbindungen

ΑΙ	αι	e	
ΑΥ	αυ	av	vor Selbstlauten und stimmhaften Mitlauten
		af	vor stimmlosen Mitlauten
ΕΙ	ει	i	
ΕΥ	ευ	ev	vor Selbstlauten und stimmhaften Mitlauten
		ef	vor stimmlosen Mitlauten
ΟΙ	οι	i	
ΟΥ	ου	ou	langes „u"
ΓΓ	γγ	ng	kommt nur im Wortinneren vor
ΓΚ	γκ	g	am Wortanfang
		ng	im Wortinneren
ΓΧ	γχ	ngch	kommt nur im Wortinneren vor
ΜΠ	μπ	b	am Wortanfang
		mb	im Wortinneren
ΝΤ	ντ	d	am Wortanfang
		nd	im Wortinneren

Lautschrift

Hier sind diejenigen Lautschriftzeichen aufgeführt, deren Aussprache vom Deutschen abweicht.

ch	vor a, o, u raues „ch" wie in „Bach"
	vor e, i weiches „ch" wie in „ich"
d	stimmhaftes „th" wie in engl. „these"
e	kurzes, offenes „e" wie in „Ecke"
g	vor a, o, u fast wie ein deutsches Zäpfchen-r
j	wie „j" in „Jäger"
o	kurzes, offenes „o" wie in „oft"
r	Zungen-r (gerollt)
s	stimmhaftes „s" wie in „reisen"
ss	stimmloses „s" wie „ß" in „reißen"
th	stimmloses „th" wie in engl. „thing"
v	„w" wie in „Witwe"

Die wichtigsten Floskeln und Redewendungen

Ναι	Ne	Ja
Οχι	Óchi	Nein
Ευχαριστώ	Efcharistó	Danke
Παρακαλώ	Parakaló	Bitte (Antwort)
Ευχαριστώ επίσης	Efcharistó epíssis.	Danke, gleichfalls.
Αντίο	Adío!	Auf Wiedersehen!
Γειά σου!	Jássu!	Hallo, Guten Tag, Tschüss! (Du)
Γειά σας!	Jássass!	Hallo, Guten Tag, Tschüss! (Sie)
Καληημέρα	Kaliméra	Guten Tag.
Χαίρετε	Chérete!	Auf Wiedersehen!
Καλώς ορίσατε!	Kalós oríssate!	Herzlich willkommen!
Τι κάνεις;	Ti kánis;	Wie geht es dir?
Τι κάνετε;	Ti kánete;	Wie geht es Ihnen?
Καλά ευχαριστώ	Kalá efcharistó.	Danke, gut.
Εντάξει	Endáxi.	In Ordnung, o. k.
Δεν ξέρω	Then xéro.	Ich weiß nicht.
Καλή όρεξη	Kalí órexi!	Guten Appetit!
Γεια μας!	Jámass!	Zum Wohl!/ Prost!

Συγγνώμη	Ssignómi!	Entschuldigung!
Λυπάμαι πολύ	Lipáme polí.	Es tut mir sehr leid.

Die wichtigsten Fragewörter

τι;	tí;	was?, wie?
ποιος/ ποια/πιο;	pjos/ pja/pjo;	welche(s, -r)?
Ποιος ίνε	Pjós íne	Wer ist das?
αυτός;	aftós;	
ποιανού;	pjanoú;	wessen?
πού;	poú;	wo?/wohin?
απο πού;	apo poú;	woher?
γιατί;	jatí;	warum?
πόσο;	pósso;	wie viel?
μακρία;	makriá;	wie weit?
πότε;	póte;	wann?

Die wichtigsten Richtungsangaben

αριστερά/ δεξιά	aristerá/ dexiá	(nach) links/ rechts
κατ'ευθείαν	katefthían	geradeaus
πίσω	písso	zurück
απέναντι/ δίπλα	apénanti/ dípla	gegenüber/ nebenan
μακρίά/ κοντά	makriá/ kondá	weit/ nah
εδώ/ εκεί	edó/ ekí	hier/ dort
διασταύρωση	diastávrossi	Kreuzung
έξω από την πόλη	éxo apó tin póli	außerhalb der Stadt
στο κέντρο	sto kéntro	im Zentrum

Die wichtigsten Zeitangaben

προχτές	prochtés	vorgestern
χθες	chthes	gestern
σήμερα	ssímera	heute
αύριο	ávrio	morgen
μεθαύριο	methávrio	übermorgen
το πρωί	to proí	morgens
το μεσημέρι	to messiméri	mittags
το βράδυ	to vrádi	abends
απόψε	apópse	heute Abend
καθημέρινός	kathimerinós	täglich

+++ **Die wichtigsten Wörter mit dem Bonus-Audiotrack des Kauderwelsch**

Die wichtigsten Fragen und Bitten

Έχει ...;	Échi ...;	Gibt es ... ?
Έχετε ...;	Échete ...;	Haben Sie ... ?
Ψάχνω ...	Psáchno ...	Ich suche ...
Χρειάζομαι ...	Chríasome ...	Ich brauche ...
Δώστε μου, παρακαλώ ...	Dóste mou, parakaló ...	Geben Sie mir bitte ...
Θα ήθελα ...	Tha íthela ...	Ich hätte gerne ...
Πόσο κάνει ...;	Pósso káni ...;	Wie viel kostet ... ?
Θέλω να πάω ...	Thélo na páo ...	Ich möchte nach ...
Πηγαίνετε με ... παρακαλώ	Pigénete me ... parakaló	Bringen Sie mich/mir bitte ... (zu.../nach ...)
Θέλω να τηλεφωνώ	Thélo na tilefonó	Ich möchte telefonieren.
Βοηθήστε με παρακαλώ!	Voïthíste me parakaló!	Helfen Sie mir bitte!

Nicht verstanden? – Weiterlernen!

Μιλάω μόνο λίγο Ελληνκά	Miláo móno lígo Elliniká.	Ich spreche nur ein bisschen Griechisch.
Μήπως ξέρει κάποιος Αγγλικά;	Mípos xéri kápjos Angliká;	Spricht hier jemand Englisch?
Πώς λέγετε αυτό στα... ;	Pos léjete aftó sta ... ;	Wie heißt das auf ... ?
Ελληνκά	Elliniká	Griechisch
Γερμανικά	Jermaniká	Deutsch
Δεν κατάλαβα τίποτα	Den katálava típota.	Ich habe nichts verstanden.
Ορίστε;	Oríste;	Wie bitte?
Επαναλάβετε το, παρακαλό!	Epanalávete to, parakaló!	Wiederholen Sie das bitte!
Να μιλάτε αργά!	Na miláte argá!	Sprechen Sie langsam!

Wochentage

Δευτέρα	Deftéra	Montag
Τρίτη	Tríti	Dienstag
Τετάρτη	Tetárti	Mittwoch
Πέμπτη	Pémpti	Donnerstag
Παρασκευή	Paraskeví	Freitag
Σάββατο	Sávvato	Samstag
Κυριακή	Kyriakí	Sonntag

GRIECHENLAND MIT EUROPAS BESTER ECONOMY CLASS ENTDECKEN...

UND EINZIGARTIGE GASTFREUNDSCHAFT AN BORD GENIESSEN.

**AB DEUTSCHLAND, ÖSTERREICH UND DER SCHWEIZ
DIREKT NACH ATHEN UND VON DORT ZU ÜBER
30 WEITEREN ZIELEN IN GRIECHENLAND.**

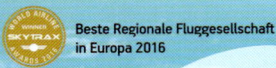

Register

Die Autoren

Margit Brinke und **Peter Kränzle** sind promovierte Klassische Archäologen, die sich vor über 20 Jahren als freiberufliche Journalisten und Buchautoren selbstständig gemacht haben. Seither konnten sie sich durch über 90 Publikationen bei verschiedenen Buchverlagen und durch regelmäßige Mitarbeit bei verschiedenen Zeitungen, Magazinen und Blogs einen Namen im Reise- und Sportjournalismus machen. Im REISE KNOW-HOW Verlag liegen über ein Dutzend regelmäßig aktualisierter Stadtführer zu nordamerikanischen und europäischen Destinationen vor.

Athen war ein „Zurück-zu-den-Wurzeln"-Erlebnis, denn zu Studienzeiten waren die Autoren regelmäßig in Griechenland unterwegs und Athen war ihr Standort. Die Entwicklungen konstant beobachtend, fällt auf, dass die Stadt ungeachtet aller negativen Ereignisse in den letzten Jahren spannender ist als je zuvor.

Schreiben Sie uns

Dieses Buch ist gespickt mit Adressen, Preisen, Tipps und Daten. Unsere Autoren recherchieren unentwegt und erstellen alle zwei Jahre eine komplette Aktualisierung, aber auf die Mithilfe von Reisenden können sie nicht verzichten. Darum: Teilen Sie uns bitte mit, was sich geändert hat oder was Sie neu entdeckt haben. Gut verwertbare Informationen belohnt der Verlag mit einem Sprachführer Ihrer Wahl aus der Reihe „Kauderwelsch".

Kommentare übermitteln Sie am einfachsten, indem Sie die Web-App zum Buch aufrufen (siehe Umschlag hinten) und die Kommentarfunktion bei den einzelnen auf der Karte angezeigten Örtlichkeiten oder den Link zu generellen Kommentaren nutzen. Wenn sich Ihre Informationen auf eine konkrete Stelle im Buch beziehen, würde die Seitenangabe uns die Arbeit sehr erleichtern. Unsere Kontaktdaten entnehmen Sie bitte dem Impressum.

Impressum

Margit Brinke, Peter Kränzle

CityTrip Athen

© REISE KNOW-HOW Verlag
Peter Rump GmbH 2009
**2., neu bearbeitete und
aktualisierte Auflage 2018**

Alle Rechte vorbehalten.

ISBN 978-3-8317-2154-2
PRINTED IN GERMANY

Druck und Bindung:
Media-Print, Paderborn

Herausgeber: Klaus Werner
Layout: amundo media GmbH (Umschlag, Inhalt),
Peter Rump (Umschlag)
Lektorat: amundo media GmbH
Karten: Ingenieurbüro B. Spachmüller,
amundo media GmbH
Anzeigenvertrieb: KV Kommunalverlag GmbH &
Co. KG, Alte Landstraße 23, 85521 Ottobrunn,
Tel. 089 928096-0, info@kommunal-verlag.de
Kontakt: Osnabrücker Str. 79, 33649 Bielefeld,
info@reise-know-how.de

Alle Angaben in diesem Buch sind gewissenhaft geprüft. Preise, Öffnungszeiten usw. können sich jedoch schnell ändern. Für eventuelle Fehler übernehmen Verlag wie Autoren keine Haftung.

Bildnachweis
Umschlagbilder: Margit Brinke (mb)
Soweit ihre Namen nicht vollständig am Bild vermerkt sind, stehen die Kürzel an den Abbildungen für die folgenden Fotografen, Firmen und Einrichtungen. Margit Brinke: mb | Visit Greece: vg

Liste der Karteneinträge

Hier nicht aufgeführte Nummern
liegen außerhalb der abgebildeten
Karten. Ihre Lage kann aber wie die
von allen Ortsmarken im Buch mithilfe der Web-App angezeigt werden
(s. S. 144).

Zeichenerklärung

⓫	Hauptsehenswürdigkeit
[L6]	Verweis auf Planquadrat im City-Faltplan
✚ ⊕	Arzt, Apotheke, Krankenhaus
ⓣ	Bar, Bistro, Klub, Treffpunkt
⊙	Kneipe, Pub
⊙	Café
⊜	Fischlokal
✈	Flughafen
🄖	Galerie
🄐	Geschäft, Kaufhaus, Markt
▲	Gipfel
🏨	Hotel, Unterkunft
ⓘ	Imbiss
ⓘ	Informationsstelle
🄗	Hostel
ⓣ	Kapelle
🄚	Kino
⇨	Kirche
Ⓜ	Metrostation
🄜	Museum
ⓓ	Musikszene, Disco, Tanz
℗	Parkplatz
⚑	Polizei
⊠	Post
ⓡ	Restaurant
●	Sonstiges
✡	Synagoge
♡ 🄣	Theater
★	Sehenswürdigkeit
○	Straßenbahn-Halt
──	Stadtspaziergang (s. S. 12 bzw. S. 13)
⬭	Shoppingareale
⬭	Gastro- und Nightlife-Areale

Bewertung der Sehenswürdigkeiten

★★★	nicht verpassen
★★	besonders sehenswert
★	wichtig für speziell interessierte Besucher

Athen mit PC, Smartphone & Co.

QR-Code auf dem Umschlag scannen oder **www.reise-know-how.de/citytrip/ athen18** eingeben und die **kostenlose Web-App** aufrufen (Internetverbindung zur Nutzung nötig)!

★Anzeige der Lage und Satellitenan- sicht aller beschriebenen Sehenswürdig- keiten und weiterer Orte
★**Routenführung** vom aktuellen Standort zum gewünschten Ziel
★**Exakter Verlauf** der empfohlenen Stadtspaziergänge
★**Audiotrainer** der wichtigsten Wörter und Redewendungen
★**Updates** nach Redaktionsschluss

GPS-Daten zum Download

Auf der Produktseite dieses Titels unter www.reise-know-how.de stehen die GPS- Daten aller Ortsmarken als KML-Dateien zum Download zur Verfügung.

Stadtplan für mobile Geräte

Um den Stadtplan auf Smartphones und Tablets nutzen zu können, empfeh- len wir die App „Avenza Maps" der Firma Avenza™. Der Stadtplan wird aus der App heraus geladen und kann dann mit vielen Zusatzfunktionen genutzt werden.